F C Philippson

Ueber Colonisation

F C Philippson

Ueber Colonisation

ISBN/EAN: 9783741175466

Hergestellt in Europa, USA, Kanada, Australien, Japan

Cover: Foto ©Suzi / pixelio.de

Manufactured and distributed by brebook publishing software
(www.brebook.com)

F C Philippson

Ueber Colonisation

Ueber

COLONISATION.

Von

F. C. PHILIPPSON.

BERLIN,
VERLAG VON LEONHARD SIMION.
1880.

Wie einem bekannten physikalischen Gesetze gemäfs Flüssig-keiten, welche in Bewegung versetzt sind, die Eigenschaft besitzen, Nebenströmungen zu erregen, die sich mit ihnen zu vermengen trachten, so zeigt sich Aehnliches auch auf geistigem Gebiete. Die grofse nationale Bewegung, welche seit einem Jahrhundert die Völker des europäischen Continents energisch erfafst und viele andere berechtigte Bestrebungen in den Hintergrund ge-drängt hat, ist von solchen Nebenströmungen nicht frei geblie-ben. Man kann den Triumpf des nationalen Prinzips als die Reaktion gegen die dynastisch-absolutistische Herrschaft der vorangegangenen Jahrhunderte bezeichnen, jener Richtung, die ohne Rücksicht auf die Natur der Völker die Länder als Domänen, die Menschen als willenloses Inventar behandelte, welche Zusammen-gehöriges gewaltsam trennte, sowie Widerstrebendes nicht minder gewaltsam verband und, um leichter herrschen zu können, die nationalen Antipathien emsig und perfide zu schüren verstand.

Die Wirkungen jener Epoche äufsern sich noch jetzt; denn während die moderne Entwickelung der Verkehrswege Nation an Nation, Welttheil an Welttheil näher rückt und räumliche, wirth-schaftliche und geistige Differenzen auszugleichen bestrebt ist, taucht der Merkantilismus, die Hinterlassenschaft jener Periode, wieder und wieder auf und versucht es, den befruchtenden Verkehr zwischen den Völkern zu Gunsten weniger, mächtiger Interessen zu hemmen. Hinter der Maske des Patriotismus versteckt, ver-steht er günstige Gefühle für sie wachzurufen, und mit dem Mifs-brauch dieses Wortes gelingt es ihm häufig genug, den Blick von ihnen abzulenken und das Verständnifs zu verwirren. Politisches

1*

Vorurtheil und vorübergehende wirthschaftliche Mifsstande vereinigten sich, den Rückschritt zu begünstigen und das Internationale als Gegensatz des Nationalen zu verdächtigen, während jenes
in der That die Berechtigung des Letzteren nie bestreitet. Wenn
das Nationale der Gesammtausdruck des Eigenthümlichen ist, das
sich ein Volk durch seine Entwickelung erworben hat, so sind
die internationalen Beziehungen bestrebt, von jedem Volkselemente
das Ueberflüssige entgegen zu nehmen und ihm das Fehlende in
materiellem und geistigem Austausche zuzubringen. So wirken sie
regulirend, und der friedliche Kampf, den sie hervorrufen, stählt
die Nerven der Nationen und bewahrt sie vor Entartung.

Wie jene rückschreitende Bewegung auch bei uns einen einst-
weiligen Erfolg erzielt hat, ist in frischer Erinnerung, und die Um-
kehr ist um so bedeutungsvoller, als Preufsen der erste Staat
war, dessen damals absolutistische Regierung, dank der weisen
Erkenntnifs seiner Staatsmänner, sich zuerst vom Merkantilismus
losgesagt hatte. Wir alle kennen die Anspannung im wirthschaftlichen und geistigen Leben, deren Deutschland bedurfte, um seine
Stellung unter den Nationen zurückzuerobern und zu behaupten
und die Ueberzeugung, dafs hierzu die freie Entfaltung aller
Kräfte das wirksamste Mittel sei, ist bis vor Kurzem die Richt-
schnur der Regierungspolitik gewesen und hat sich als Ueberlieferung im Volke erhalten. Es sollte nicht so bleiben; die
Abspannung in Folge der Kriege, die Wirkungen der Krise, die
alle Länder der Welt verheerend überzog, die sich steigernden
Ansprüche an die Steuerkraft vereinigten sich, um den Glauben
an die Macht der natürlichen Entwickelung zu erschüttern und
den Interessengruppen die Agitation zu erleichtern. Unter dem
wohlklingenden Namen «Schutz der nationalen Arbeit» sind Industrie und Landwirthschaft mit Zöllen beschenkt worden, deren
Kosten das steuerzahlende Volk zu tragen hat und deren Vortheile nur Wenige einernten. Auch Handel und Schifffahrt
versuchte man in das Bündnifs der Interessengruppen zu ziehen;
und wenn dies Vorhaben mit der Lockspeise der Surtaxe de
pavillon und der Surtaxe d'entrepot noch vor der Geburt unter
dem Proteste der zu Beglückenden ein lächerliches Ende genommen hat, so liefs es doch in dem Retorsionsparagraphen des
Zollgesetzes seine Spur zurück.

Dennoch scheint es, als ob sich in neuester Zeit im Handelsstande eine Richtung zeigte, die sich mit dem Schutz der nationalen Arbeit zu decken sucht, indem sie für eine nationale Colonisation agitirt. Obwohl die Anregung hierzu nicht neu ist, hat sie durch neue Vorgänge doch eine erhöhte Bedeutung gewonnen und ist, hierdurch aus dem theoretischen Bereiche heraustretend, zu einer dringlich praktischen geworden. Es ist daher an der Zeit gewissenhaft zu prüfen, ob dem deutschen Volke eine überseeische Colonisation frommt, um somehr, als die Ausdehnung der englischen Colonien, die kräftige Entwickelung der vereinigten Staaten von Nord-Amerika, unser erhöhter Verkehr mit überseeischen Ländern, der sich steigernde Einfluſs der Colonialproduktion auf unsere Märkte und schliefslich unsere erhöhte politische Bedeutung treibend auf die Bestrebungen, welche unsere Macht jenseits des Oceans auszudehnen trachten, einzuwirken geeignet sind.

Die Frage, ob sich der Volkscharakter der Deutschen zum Colonisiren eignet, mufs bejaht werden. Der Deutsche besitzt alle hierzu erforderlichen körperlichen und geistigen Bedingungen, wie die Entwickelungsgeschichte des deutschen Volkes, in welcher sich eine fortlaufende Tendenz zur Colonisation kundgiebt, beweist. Sie hat sich passiv in der alten Auswanderung unter lateinische und celtische Völker, von denen sie bis auf wenige zurückgelassene Spuren absorbirt worden ist, gezeigt, ebenso in der modernen Auswanderung nach Nord-Amerika, woselbst das deutsche Element politisch zwar in dem Staatengemenge aufgeht, aber innerhalb desselben ein gewichtiges Moment bildet, mit dessen Einfluſs in politischer, gesellschaftlicher und cultivatorischer Beziehung gerechnet werden mufs. Activ hingegen in der Auswanderung nach Britannien wo es, mit celtischen und normannischen Stämmen vermischt, eine Schwesternation gebildet hat, deren deutscher Ursprung in Sprache, Institutionen und den Grundzügen des Volkscharakters noch heute deutlich hervortritt; vor allem aber in dem rastlosen Vordringen der Deutschen gegen Osten, wo es eine slawische Urbevölkerung bis auf wenige zurückbleibende Reste in sich aufgenommen oder deutsche Inseln in ihrer Mitte gebildet hat. Steht somit die persönliche Befähigung des Deutschen aufser Frage, so müssen wir prüfen, ob eine überseeische Colonisation der politischen Aufgabe des Reiches förderlich ist, welche Einwirkung auf den Nationalwohlstand daraus zu erwarten steht und ob die Verwirklichung dieses Zieles zu den Hoffnungen berechtigt, die von mancher Seite daran geknüpft werden. Der Wunsch nach Colonisation hat seine natürliche Berechtigung. Wir sehen beständig Schaaren kräftiger Auswanderer jenseits des Oceans ziehen; schnell vermischen sich Deutsche und Amerikaner, und das Bestreben, die eigne Nationalität unter ihnen aufrecht zu erhalten, ist vergeblich. Der Gebildete widersteht den Einflüssen seiner neuen Umgebung zwar länger als der Mann aus dem Volke, aber nach wenigen Generationen ist die Verschmelzung sicher vollzogen oder hat sich zu einem Zerrbilde beider Nationalitäten, welches keinen cultivatorischen Einfluß beanspruchen kann, herausgebildet. Selbst das starre Festhalten an der angestammten Nationalität unter einem fremden Volke ist wenig ersprießlich, wie die Bedeutungslosigkeit der französisch-creolischen Bevölkerung in den Vereinigten Staaten beweist. Die Wahrnehmung, wie sich das nationale Band zwischen uns und unsern amerikanischen Landsleuten löst, berührt uns schmerzlich, und das Bestreben, den Auswanderungszug nach Colonien zu lenken, in welchen deutsche Sprache, Sitte und Geist ihre Strahlen jenseits des Oceans werfen, und die Hinwegziehenden durch eine politische Verbindung an uns zu fesseln, ist um so erklärlicher, als die populäre Ueberlieferung Colonien mit dem Nimbus einer unerschöpflichen Reichthums- und Machtquelle für das Mutterland umgiebt. Von diesem Gesichtspunkte aus haben die früheren Vorkämpfer für Colonisation die Frage meist behandelt. Die jetzige Agitation hingegen fragt nicht mehr, ob es wünschenswerth sei zu colonisiren, sondern sie giebt ihr die peremptorische Fassung «Müssen wir colonisiren» und bejaht dies als eine uns zwingende Nothwendigkeit.

Unter den vielen Schriften, welche dies Thema behandeln, hebe ich zwei Brochüren hervor, die durch Fassung und Inhalt eine besondere Aufmerksamkeit auf sich gezogen haben, nämlich: «Bedarf Deutschland der Colonien? Eine politisch-ökonomische Betrachtung von D. Friedrich Fabri» und ferner «Die Erweiterung des deutschen Wirthschaftsgebietes und die Grundlegung zu überseeischen deutschen Staaten von Ernst v. Weber», dem Verfasser des interessanten Reisewerks «vier Jahre in Afrika». Beide Verfasser erschöpfen die Gründe, welche ihre Gesinnungsgenossen für die Colonisirung anzuführen haben, weshalb ich, soweit es der Raum gestattet, mich an den Gang ihrer Betrachtungen anlehnen werde.

Aus welchen Gründen sich die öffentliche Meinung zu Gunsten der deutschen Colonisation umgewandelt haben soll.

Herr Fabri nimmt es als feststehend an, dafs sich die Stimmung in der öffentlichen Meinung jetzt zu Gunsten der Colonisation gewendet habe, und führt diesen Wechsel zurück auf:

1) Unsere wirthschaftliche Lage,
2) Die Krisis unserer Zoll- und Handelspolitik,
3) Unsre sich mächtig entwickelnde Kriegsmarine.

Unsere wirthschaftliche Lage war, als der Verfasser jene Brochüre Anfangs Februar 1879 schrieb, von unserer jetzigen im ersten Quartal 1880 sehr verschieden, und der Grundton der allgemeinen geschäftlichen Mifsstimmung jener Zeit klingt deutlich in ihr durch, wie sie überhaupt manches Material aus dem ehemaligen Rüstzeug der Schutzzollagitation verwendet.

Die meisten der Befürchtungen jener Periode haben sich nicht erfüllt und viele sind ohne Einwirkung der veränderten Zoll- und Handelspolitik in das Gegentheil umgeschlagen. Die niedrigen Preise der Hauptkampfartikel Getreide, Eisen und Gespinnste sind überall zu unerwarteter Höhe hinaufgegangen. Der Schreckensruf, dafs die Engländer unsere Märkte mit ihren Fabrikaten als Ersatz für den verloren gegangenen Amerikanischen überschwemmen würden, wirkt heute geradezu komisch, wenn man sieht, wie der amerikanische Bedarf die Industrien Europas belebt hat und dafs Deutschland seinen Ueberflufs direct und indirect in's Ausland versendet. Die Actien der nothleidenden Hüttenwerke haben einen rapiden, oft unmotivirten Aufschwung genommen und . der Börsenschwindel erhebt wiederum unter der Aegide der Schutzzölle siegreich sein Haupt. Frankreich sowohl als England begrüfsen den amerikanischen Getreide-Import als eine rettende Hilfe gegen die drohende Hungersnoth, und bei uns selbst zeigen die

Wirkungen der Mifserndte in einzelnen Landestheilen, mit welcher Gefahr der Schutz der nationalen Boden-Cultur die Masse des nichtgeschützten, arbeitenden Volkes bedroht, wenn einst weitere Kreise davon betroffen werden sollten. Dieser schnelle Wechsel in den Verhältnissen zeigt aufs Neue, dafs man einstweiliger Mifsstände wegen ein altbewährtes System nicht aufgeben soll. Wäre Herrn Fabri's Buch nur um ein halbes Jahr später erschienen, so hätte er diesen Theil aus seinem Programm streichen müssen.

Der zweite von ihm angeführte Grund hängt mit dem ersten eng zusammen; denn die schnelle Besserung der Verhältnisse in allen Ländern, auch in denen mit einer liberalen Zollpolitik, beweist, dafs die Krise unabhängig von den Steuersystemen gewesen ist, weshalb die Aenderung des unsrigen auf jenen Stimmungswechsel nicht einwirken kann, wenn derselbe nicht von vagen Sentiments geleitet wird. Die Compromisse, welche bei den Zollgesetzen den Ausschlag gaben, deuten nicht auf eine tiefgehende schutzzöllnerische Ueberzeugung hin, da jede einzelne Interessengruppe der anderen nur widerwillig das Verlangte gewährt hat und gern für Freihandel — mit Ausschlufs ihrer eigenen Production eingetreten wäre. Es ist zwar nicht unmöglich, dafs die wirthschaftlichen Experimente sich bis zur Colonisation versteigen, aber eine nothwendige Folge der «Krisis unserer Zoll- und Handelspolitik» ist dies keineswegs.

Hinsichtlich der Entwickelung unserer Kriegsmarine nimmt Herr Fabri einen kritisch-tadelnden Standpunkt ein. Er hält ihre «übergrofse Ausdehnung» sowohl als die Leichtigkeit, mit welcher der Reichstag die Mittel zu maritimen Experimenten bewilligt hat, für unrichtig und indem er darauf hinweist, dafs Deutschland als Continentalmacht seinen Schwerpunkt in der Armee zu suchen habe, während England als Colonialreich und Frankreich zum Schutze der afrikanischen Besitzungen grofse Marinen besitzen müfsten, stellt er die ominöse Prognose, dafs eine deutsche Flotte, selbst von dem Umfange und der tüchtigen Beschaffenheit der englischen, bei einem unglücklichen Landkriege entweder in unsern Häfen verfaulen oder gar als Opfer für eine eventuelle Milliarden-Contribution weit unter dem Kostenpreise würde verkauft werden müssen.

Diese Frage enthält so viele technische Punkte, dafs ich ihm auf dieses Gebiet nicht folgen kann. Sollten jedoch seine Befürchtungen begründet sein, so wäre ein Colonialbesitz sicher noch mehr gefährdet, denn es ist schwer einzusehen, wie eine Flotte, die zum Verfaulen in unseren Häfen bestimmt ist, im Stande wäre, eine Colonie zu schützen. Eine Zersplitterung unserer Wehrkräfte nach Colonien hingegen würde unsere eigene Landesvertheidigung schädigen. Für technisch maritime Zwecke sind nach Herrn Fabri Flottenstationen ausreichend, er scheidet sie von der Colonisationsfrage sorgfältig aus.

Daſs sich innerhalb unserer jungen, aufstrebenden Kriegsflotte der Wunsch nach Colonialbesitz regt, ist nicht zu verwundern. In den Berichten der Schiffscommandeure über die Südseeinseln an das auswärtige Amt kann man ihn oft zwischen den Zeilen lesen. Ein Colonialbesitz würde ihr einen vermehrten Einfluſs und eine gesteigerte Bedeutung gewähren. Jeder Stand ist bestrebt weitgehende Ansprüche für seine besondere Zwecke zu erheben und sich in den Vordergrund zu drängen; die Berechtigung solcher Einzelbestrebungen dem groſsen Ganzen gegenüber abzuwägen ist hingegen die Aufgabe des Staates. Sollte sich daher, wie Herr Fabri behauptet, die öffentliche Stimmung zu Gunsten der Colonisation geändert haben, so können wir sie wegen der Hinfälligkeit der von ihm aufgeführten Gründe nicht als maſsgebend anerkennen. Es ist jedoch keineswegs sicher, daſs dieser Umschwung wirklich existirt. Die politische Presse wenigstens hat in der Mehrzahl ihrer unabhängigen Organe jene Sympathien nur spärlich gezeigt, wohingegen gewichtige Stimmen sich gegen die Colonisations-Projecte erklärt haben.

Die Grundzüge in der Auffassung des Herrn E. v. Weber sind ähnlicher Natur wie die des Herrn Fabri. Schon der Titel des Buches «Ein dringendes Gebot unserer wirthschaftlichen Nothlage» beweist, daſs er von ähnlichen Voraussetzungen ausgegangen ist. In dem Capitel, betitelt «Die Enge des deutschen Wirthschaftsgebiets und ihre Folgen» behauptet er, daſs wir anstatt eine der Zunahme der Arbeiterbevölkerung entsprechende, verhältniſsmäſsige Ausdehnung unseres Wirthschaftsgebietes zu gewinnen, im Gegentheile eine Verminderung unserer Absatzmärkte erlitten hätten. Eigentliche Beweise für diese, als Thatsache niedergelegte Ansicht liefert er nicht. Er führt nur an, daſs ein Weber im sächsischen Voigtlande pro Tag 23 Pfennig ver-

dient und dafs Kaufleute in der Capstadt, Natal etc. ihm ver-
sichert haben, dafs sie mit deutschen Waaren dort keine
Geschäfte machen können, «da die englische Concurrenz alle ihre
Fabrikate besser, solider, praktischer und dauerhafter liefere, dazu
auch in eleganterer und dem Geschmacke der dortigen Bevölkerung mehr zusagender Form.» Wenn der Weberlohn in dem
angeführten sächsischen Distrikt wirklich nicht höher sein sollte,
so besitzt dieses Geschäft keine Lebensfähigkeit und verdient
keine Unterstützung; denn wenn sich Löhne dauernd niedriger als
der nothwendige Unterhalt der Arbeiter stellen, so ist die betreffende Industrie schädlich und unhaltbar und eine Bevölkerung,
die sie dennoch fortsetzt, mufs degeneriren. Jedes Mittel sie von
solcher Beschäftigung abzubringen, ist wohlthätiger als eines dieselbe künstlich zu erhalten. Wie will man aber selbst vorausgesetzt, dafs sich ein Colonialabzugsgebiet eröffnete, eine solche
Industrie lebensfähiger machen? Durch Schutzzölle im Pro-
ductionslande? Diese vertheuern das Arbeits-Material und schädigen die Weber beim Export. Durch Schutzzölle in der Colonie
zu Gunsten des Mutterlandes? Diese würden der Colonie und ihrer
Productionsfähigkeit schaden. Wenn ein Distrikt mit andern nur
durch Hungerlöhne concurriren kann, wie soll man ihn überhaupt
durch künstliche Mittel heben? Die Schutzzollstaaten schliefsen sich
doch nicht gegen uns allein ab, sondern gegen alle Länder deren
Productionskraft sie fürchten; dies liefert den Beweis, dafs der
schreiende Mifsstand in inneren Verhältnissen begründet ist, zumal
als die Löhne andrer deutscher Industriebezirke derselben Natur sich
nicht annäherud so schlecht stellen. Wenn ferner die oben angeführten Mittheilungen afrikanischer Kaufleute ihre Begründung haben,
so liegt die Ohnmacht der deutschen Industrie in ihr selbst und kann
nur von innen heraus reformirt werden. Die Sache ist aber nicht
so schlimm, wie Herr v. Weber sie darlegt. Ohne Zweifel wird
manches deutsches Fabrikat über England in die Colonien geschickt. England ist der natürliche Vermittler der Ausfuhr nach
überseeischen Ländern, und wir werden im Laufe unserer Betrachtungen die Gründe, weshalb dies stattfindet, und selbst wenn
es seinen Colonialbesitz einbüfste, dennoch stattfinden müfste,
kennen lernen.

Durch die Statistik ist der Nachweis, dafs sich die deutsche
Ausfuhr im Laufe der letzten zwanzig Jahre bedeutend vermehrt

hat, leicht zu fuhren; periodische Fluctuationen zu ihren Ungunsten sind nicht mafsgebend. So hat sich z. B. der Export in unserer Eisen- und Stahl-Industrie enorm ausgedehnt und ist von so hervorragender Wichtigkeit für dieselbe geworden, dafs seine Vermehrung oder Verminderung für ihre Prosperität ausschlaggebend ist. Während zwischen 1861 und 1864 in Materialeisen und Stahl noch eine Mehreinfuhr von 94000 Centnern stattfand, war bereits im Jahre 1878 eine Mehrausfuhr von beinahe 8 Millionen Centnern zu verzeichnen. Die Gesammtausfuhr ohne Abrechnung der Einfuhr betrug über 11 Millionen Centner und aufserdem ca. 6 Million. Centner Roheisen deutschen Ursprungs. Seitdem ist das Quantum nicht allein gestiegen, sondern auch in seinem Verhältnifs zum einheimischen Gebrauch gewachsen. Die Einfuhr-Statistik verschiedener fremder Staaten giebt uns ebenfalls ein Bild der Vergröfserung des deutschen Wirthschaftsgebiets.

Es betrug die Einfuhr der Vereinigten Staaten von Nord-Amerika aus Deutschland in den Jahren

1858.	1859.	1860.	1861.	1862.	1863.	1864.
14,2	17,8	18,5	15,4	14,9	13,2	13,8

1865.	1866.	1867.	1868.	1869.	1870.	1871.
10,1	26,4	26,6	22,4	25,1	27,4	25,0

1872.	1873.	1874.	1875.	1876.	1877.	1878.
46,2	61,5	44,0	40,9	35,5	33,0	34,8

Millionen Dollars.

Wie wir sehen, hat im Ganzen eine grofse Zunahme stattgefunden und die Fluctuationen nach unten und oben, welche sich innerhalb dieser 21 Jahre zeigen, hängen mit den Einwirkungen des Secessionskrieges und der Hausseperiode zusammen. Während des Ersteren war die Einfuhr naturgemäfs geschmälert, während der Letzteren hingegen standen Arbeitslöhne und Rohmaterialienpreise so hoch, dafs sich der Unterschied der Beträge zwischen dem Culminationspunkt von 1873 und dem niedrigsten Stand der letzten Serie im Jahre 1877 schon aus den hieraus resultirenden Differenzen ohne eine beträchtliche Verminderung der Versandquantitäten erklären liefse.

Noch günstiger stellen sich die deutschen Ausfuhren nach Frankreich und Belgien. Sie betrugen in Millionen Francs nach

Frankreich:

1863.	1864.	1865.	1866.	1867.	1868.	1869.	1870,
139,7	155,3	166,14	195,0	257,4	266,4	230,1	85,0

1871.	1872.	1873.	1874.	1875.	1876.	1877.	1878.
160,6	211,6	311,1	315,3	349,0	389,0	372,4	418,4

und nach

Belglen.

	Aus dem Zollverein.	Hremen.	Aus Hamburg.
1840 . .	19,880	1,577	
1850 . .	23,361	0,147	
1860 . .	51,940	6,660	
1865 . .	66,796	4,813	
1869 . .	102,538	13,612	
1870 . .	108,319	13,369	
1871 . .	213,431	16,811	
1872 . .	158,425	10,129	
1873 . .	157,860	2,869	10,392
1874 . .	158,701	2,368	5,881
1875 . .	162,311	2,409	6,617
1876 . .	184,110	2,370	9,183
1177 . .	197,441	1,367	15,933

Ohne diesen Aufstellungen, welche den statistischen Mittheilungen der betreffenden Länder entnommen sind, eine mathematische Beweiskraft zuschreiben zu wollen, zeigen sie doch steigende Verhältnisse, deren Bedeutung von gröfserer Tragweite für die Beurtheilung des Umfangs unseres Wirthschaftsgebietes ist, als die a priori von Herrn von Weber angenommene Verringerung desselben, und es liefsen sich noch manche andere Daten aufführen, die die Haltlosigkeit jener Annahme bestätigen. In wieweit hingegen die deutsche Ausfuhr in Folge der durch die Zölle herbeigeführten Vertheuerung der Halbfabricate und Lebensmittel beeinträchtigt werden kann, wird uns die Zukunft lehren: bis jetzt können darüber nur Vermuthungen aufgestellt werden.

Uebervölkerung.

Als die eigentliche zwingende Nothwendigkeit, welche eine Erwerbung von Colonialbesitz für uns unerläßlich machen soll, wird von den beiden genannten Verfassern die uns drohende Uebervölkerung bezeichnet. Herr Fabri weist auf die rapide Zunahme unserer Bevölkerung hin, durch welche sich der Ueberschuß der Geborenen über die Verstorbenen von $1^1/_4$ pCt. auf $1^1/_2$ pCt. gesteigert hat. Während Preußens Bevölkerung sich von 1820 bis 1860, also in 40 Jahren, verdoppelte, sagt er, bedarf Deutschland hierzu jetzt nur noch 30 Jahre. Hiernach würde unter Einhaltung derselben Bedingungen die Bevölkerung im Jahre 1900 auf 80 Millionen Menschen gewachsen sein; aber wenn er sie selbst nur auf 65 Millionen schätzen wollte, kommt Herr Fabri «mit unaufhaltsamer Folgerichtigkeit» zu folgendem Prognostikon über die Zukunft Deutschlands:

«Steigende Einfuhr von Getreide und Vieh, weil die deutsche landwirthschaftliche Production den eigenen Bedarf immer weniger zu decken vermag; in Folge dessen steigende Theuerung der Lebensmittel und damit aller Preise; dazu stetiges Herabsinken des Arbeitslohnes wegen alljährlich sich vermehrenden Angebots von Arbeitskräften; Schwächung der gewerblichen Production, wegen zunehmender Schwächung des National-Vermögens, d. h. zunehmender Unmöglichkeit zu sparen und in Folge dessen auch sinkender Kaufkraft, oder mit einem Worte: Rapides Wachsthum des Pauperismus und der socialen Noth!»

Diese schwarz klingende Prophezeihung verliert viel von ihrem Schrecken, wenn man ihr näher tritt, eine Erfahrung, welche sich bei allen Gespenstererscheinungen bewährt.

Das Wachsthum der Bevölkerung des Deutschen Reichs in seinem heutigen Umfange seit 1816 war folgendermaßen, wie die der Reichsstatistik entnommene Tabelle zeigt:

Bevölkerung auf dem Gebiete des heutigen deutschen Reiches am Ende der betreffenden Jahre und durchschnittliche jährliche Zunahme in den betreffenden Jahrfristen. (In abgerundeten Zahlen.)

Jahr:	Volkszahl: (Millionen)	Jährliche Zunahme in Procenten:
1816	24,8	—
1820	26,3	1,43
1825	28,1	1,34
1830	29,5	0,98
1835	30,9	0,94
1840	32,8	1,16
1845	34,4	0,96
1850	35,4	0,57
1855	36,1	0,40
1860	37,7	0,88
1865	39,7	0,99
1870	40,8	0,51
1875	42,7	0,92

Wie wir hieraus ersehen, ist nicht eine Steigerung sondern eine Verminderung des Procentsatzes der Jahreszunahme eingetreten, derselbe war in den zwanziger Jahren dieses Jahrhunderts gröfser als jetzt. Eine Verdoppelung der Bevölkerung hat zwischen den Jahren 1816 und 1875, also in 60 Jahren, noch nicht stattgefunden und besteht sogar noch heute nicht, wobei allerdings die Auswanderung in Betracht gezogen werden mufs.

Unter den Aussichten, die uns Herr Fabri stellt, zeigen sich verschiedene Punkte von vorn herein als ungefährlich. Eine steigende Einfuhr von Getreide und Vieh ist bei einer steigenden Bevölkerung nicht allein natürlich sondern willkommen, da sie die Ernährung des Volkes erleichtert. Sie kann sogar vor sich gehen, ohne dafs eine Bevölkerung sich so rapide als die unsrige vermehrt, wenn sich ein Theil derselben zur Industrie wendet und viele der Arbeitskräfte, welche früher ausschliefslich Körnerbau oder Viehzucht getrieben haben, andere Beschäftigungen ergreifen, deren Natur zu einem erhöhten Consum drängt. So ist der Verbrauch von Brot und Fleisch pro Kopf in den Kohlen- und Eisenindustriebezirken gröfser als in den reinen

Ackerbaudistricten. Wenn die Ackerbauinteressenten über den Mehrimport klagen, so lassen sie gewöhnlich die Quantitäten heimischer Bodenproducte, die sie zu anderen als den nothdürftigen Ernährungszwecken produciren, unberücksichtigt. Man vergegenwärtige sich nur die Bodenflächen, welche der Rüben- und Kartoffelbau zur Zucker-, Stärke- und Spiritusfabrikation absorbirt und wie sehr sich die Gartenwirthschaft zur Verproviantirung der Städte ausgedehnt hat und kann dann schon hieraus einen Theil der Mehreinfuhr erklären.

Die dauernd vermehrte Einfuhr von Nahrungsmitteln ist daher an und für sich kein schlechtes Zeichen sondern ein Beweis, dafs das Volk seine Bedürfnisse erweitert hat und dieselben zu befriedigen im Stande ist. Bei einem permanenten, wirklichen Nothstande würde die Einfuhr nachlassen müssen, da dann der Verbrauch eingeschränkt wird und in Folge davon eine Verringerung der Bevölkerung durch vermehrte Todesfälle und verminderte Geburten eintreten mufs, eine Erscheinung, welche sich überall nach Hungerjahren zeigt.

Ebenso wenig Schreckhaftes hat die Vertheuerung von Lebensbedürfnissen, wenn sie nicht durch künstliche Mittel hervorgebracht wird, sondern natürlichen Verhältnissen entspringt. Seit langen Jahren nimmt der Geldwerth stetig in seinem Verhältnisse zum Waarenwerthe ab, d. h. die Waarenpreise steigen, insofern nicht verbesserte Anfertigungsmethoden einen Ausgleich herbeiführen, was in der Industrie, durch die Ausbildung der Technik, fast überall stattfindet. Diesem Verhältnisse passen sich die Arbeitslöhne in der Regel an und wenn wir längere Perioden mit einander vergleichen, so ist im grofsen Ganzen eine stetige Erhöhung der Löhne, aber auch der Leistung wahrnehmbar. Folgende Mittheilungen, welche der Krupp'schen Aussage in der Eisenenquête entnommen sind, liefern hierzu ein schätzenswerthes Material.

Jahreslohn per Kopf in Reichsmark auf den Krupp'schen Werken.

	1869.	1870.	1871.	1872.	1873.	1874.	1875.	1876.	1877.
Im Schienen-Walzwerk	1030	1000	1150	1070	1240	1070	1060	1090	1240
Im Bandagenwalzwerk	780	850	940	980	1070	1080	980	910	920
Im Bessemer Werke	930	945	945	1110	1260	1290	1125	1140	1125
Jährliche Durchschnittshöhe des Lohnes in der ganzen Fabrik .	910	910	1010	1120	1160	1070	1090	1050	1060

Wie wir sehen, haben sich die Löhne in der neunjährigen Periode nach aufwärts bewegt und sind im Jahre 1877 höher, als sie in den Jahren 1869 bis 1871 waren, trotz der schlechten Conjuncturen der letzten Jahre. Dem gegenüber war jedoch die Steigerung der Arbeitsleistung geradezu enorm zu nennen; denn während der Mann im Jahre 1869 durchschnittlich nur 5600 Kilo producirte, bewegte sie sich mit Ausnahme des Jahres 1875, in welchem eine geringe Minderleistung eintrat, in stetig steigender Progression, und erreichte 1877 nicht weniger als 11000 Kilo, also nahezu das Doppelte von 1869.

Trotz dieses Resultates wird die Arbeitskraft des Einzelnen nicht viel stärker als früher in Anspruch genommen, da die verbesserte Technik, erhöhte Geschicklichkeit, strenger durchgeführte Arbeitstheilung und erweiterte Anwendung der Maschinenkraft die menschliche Arbeit entlastet. Es richtet sich im Gegentheil die Tendenz im Interesse von Arbeitsgebern und Arbeitsnehmern mehr und mehr nach einer Verminderung der individuellen Arbeitszeit hin; sie wird mit der steigenden Intelligenz der Arbeiter graduell zu einem Bedürfnisse.

Die fernere Folgerung des Herrn Fabri, dafs ein Sinken der Arbeitspreise eintreten müsse, wenn die Bevölkerung sich vermehrt, kann nur unter der Voraussetzung eintreffen, dafs das Land in seiner gewerblichen Entwickelung stehen bleibt. An und für sich erweitert sich die Consumtion schon durch die gröfsere Bevölkerung, d. h. sie nimmt mit dem Wachsthum der Producentenzahl proportional zu, und es ist wohl zu beachten, dafs in allen höher cultivirten europäischen Ländern die Waaren-Einfuhr gröfser als die Ausfuhr ist. Der auswärtige Handel hat die Eigenschaft, das gewerbliche Leben zu animiren und die Productions- und Consumtionsverhältnisse zu reguliren. Er schafft neue Impulse und liefert die Bedingungen für eine intensivere Wirthschaft, deren Folge die Erweiterung des äufsern Wirthschaftsgebietes sowohl als der heimischen Consumtion ist. Diese Erweiterung Beider hat bei uns stattgefunden und abgesehen von Krisen, die von jeder Wirthschaftspolitik unabhängig sind, befindet sie sich in stetiger Fortentwickelung. Wenn die Schule, welche die Ausfuhr für wohlthätig und die Einfuhr für schädlich hält, eine dauernde Macht erhalten sollte und es ihr gelänge durch hemmende Zoll- und Eisenbahntarife die Einfuhr zu erschweren, so würde die Ausfuhr sicher ebenfalls erschwert. Hieraus könnte allerdings eine Beschränkung des Wirthschaftsgebietes resultiren; in diesem Falle würde ein Mehrangebot von Arbeit ein-treten, da dann der für den Export beschäftigt gewesene Theil der Producenten den Arbeitsmarkt belastet. Die ferneren Sätze der oben angeführten Prophezeiungen sind hingegen nur Folge-rungen der soeben behandelten Praemissen und fallen daher mit diesen. Eigentlich gipfelt die ganze Bevölkerungsfrage in einem Punkt nämlich, ob der «Standart of life», d. i. das Wohlleben des Volkes mit der steigenden Bevölkerung zu- oder abgenommen hat, und Ersteres ist bei uns zweifellos der Fall gewesen. Mit der Verdichtung der Bevölkerung ist gleichzeitig in allen Schichten der Gesellschaft eine wahrnehmbare Erhöhung der Lebensansprüche eingetreten. Man möge nur die städtischen und ländlichen Ver-hältnisse der Jetztzeit mit denen früherer Zeiten vergleichen und wird selbst innerhalb der jetzigen Generation einen bedeu-tenden Umschwung zu Gunsten des Wohllebens wamehmen. Häuser, Verkehrswege, Lebensmittel und Kleidungsverbrauch sowie die Erziehung der Jetztzeit stehen hoch über den Zu-ständen der zwanziger und dreifsiger Jahre. Hierüber kann ein Zweifel nicht stattfinden diese Thatsache wird selbst von den Socialisten zugegeben. Ich erkenne an, dafs es schwer ist genaue statistische Beweise hierfür zu liefern, da die Erhebung von That-sachen sich nur auf einzelne Gegenstände erstreckt, aber es giebt dennoch Anhaltspunkte, welche man herausgreifen kann und ein solcher ist beispielsweise die Entwickelung des Sparkassenwesens.

'In Preufsen betrug das Guthaben der Bevölkerung an die Sparkassen am jemaligen Schlufs der folgenden Jahre für je 100 000 Einwohner in Francs berechnet:

1835.	1850.	1860.	1870.	1874.
149 196	409 136	1 023 290	2 514 491	5 003 644

Wie wir sehn, hat es sich in 40 Jahren von 1,5 Frcs. auf 50 Frcs. per Kopf der Bevölkerung gehoben, während der mittlere Betrag der Sparkassenbücher von 205 Frcs. auf 599 Frcs., und die Anzahl derselben von 99 645 auf 2 059 612 Exemplare gestiegen ist. Die Einwohnerzahl Preufsens betrug im Jahre 1835 ca. 13,7 Millionen gegen 24,6; Millionen des Jahres 1874, d. h. sie war um 78 pCt. gestiegen, während sich bei der Anzahl der Depots eine Steigerung von 2000 pCt. und bei dem mittleren

Guthaben per Kopf der Bevölkerung von 3333 pCt. zeigt. Im Königreich Sachsen war die Steigerung folgendermaßen:

Jahr.	Durchschnittsguthaben an die Sparkassen per Kopf der Bevölkerung. Mark.	Durchschnittswerth per Sparkassenbuch. Mark.
1850.	7,33	148,86
1860.	13,23	182,76
1865.	36,72	217,14
1870.	51,30	243,48
1875.	94,77	356,49
1877.	102,66	370,02.

Im Jahre 1850 kam ein Sparkassenbuch auf 20,32 Seelen, im Jahre 1877 hingegen auf 3,60 Seelen.

Wenn man auch zugeben muß, daß dieser enormen Steigerung verschiedene Ursachen zu Grunde liegen, als z. B. die größere Ausbreitung des Sparkassenwesens selbst, wodurch manche Capitalien, welche früher in anderer Weise verwendet worden sind, ihren Abfluß dorthin gefunden haben, so ist sie doch von so großartigen Dimensionen, daß man eine Vermehrung der Ersparnisse pro Kopf anzunehmen berechtigt ist. Diese fällt aber um so mehr in's Gewicht, als die Depositaire meist dem niederenBürger- und Bauernstande, den Knechten, Dienstleuten und Arbeitern angehören, während die eigentlich Begüterten selten davon Gebrauch machen. Die Entwickelung der Erwerbs- und Wirthschafts-Genossenschaftsbanken (System Schulze-Delitzsch), deren Geschäfte sich im Jahre 1878 auf 2000 Millionen Reichsmark, und deren angesammelte Capitalien an Geschäftsantheilen und Reserven sich auf 160—170 Millionen belaufen haben, sprechen nicht minder für diese Annahme, deren Richtigkeit übrigens einen Rückgang in einzelnen Bezirken und bei gewissen Berufsarten keineswegs ausschließt.

Die Uebervölkerungsfurcht ist dasjenige Capitel der Volkswirthschaft, in welchem sich selbst unter den Anhängern der gleichen ökonomischen Richtung je nach den verschiedenen Zeiterscheinungen die größten Differenzen zeigen. Roscher drückt dies in einer Anmerkung in dem Capitel «Bevölkerungspolitik» sehr drastisch aus, indem er sagt: «Die Ansichten der Theoretiker lassen regelmäßig einen Wechsel von Ebbe und Fluth bemerken.

Während der Letzteren schwärmt man für Vermehrung des
Volkes, die man unbedingt als eine Wohlthat betrachtet; hernach
wieder ängstigt man sich vor Uebervölkerung. Nur Wenige
hatten so viel Einsicht wie Heinrich IV.: *La force et la richesse
d'un roi consistent dans le nombre et dans l'opulence des sujets* u. s. f.[1]
In schlechten Zeiten pflegt die Angst vor einer Uebervölkerung zu praedominiren, während bei guten Conjuncturen
selbst die dichteste Bevölkerung nicht ausreichend erscheint. Wenn
nun gar kritische Veränderungen der Weltwirthschaft eintreten,
wie die grofsen überseeischen Einfuhren, welche die alten Länder
zu einer neuen Art von Thätigkeit und einem Wechsel im Althergebrachten zwingen, so bemächtigt sich der Welt gewöhnlich
eine pessimistische Anschauung, die eine grofse Aehnlichkeit mit
der von Zeit zu Zeit wiederkehrenden Furcht vor dem Welt-
untergange besitzt. Unheimliche Prophezeiungen beängstigen
dann das Volk, und was noch vor kurzer Zeit als rosig galt, erscheint in den schwärzesten Farben. Hierzu gehört auch die
Furcht vor dem vernichtenden Einflufs amerikanischer Production
und Gewerbfleifses auf unsere productiven Zustände. Ich will es
ununtersucht lassen, wie lange der raubbauartige Landwirthschafts-
betrieb in den Vereinigten Staaten nachhalten kann. Ich halte
es sogar für möglich, dafs die amerikanischen Getreide- und
Fleisch-Einfuhren noch auf lange Jahre hinaus den europäischen
Producenten eine unbequeme Concurrenz bereiten, obwohl die
Verdichtung der dortigen Bevölkerung eine heimische Mehr-
consumtion zur Folge haben mufs. Aber die Befürchtung
vor einer Vernichtung der europäischen Industrie durch die
amerikanische ist eitel. Gerade die bedeutenden Exporte Amerikas
müssen die Ursache einer regeren Importbewegung werden, da
sich ohne Letztere dort alle Waarenpreise und Arbeitslöhne so
gewaltig steigern müfsten, dafs die Production darunter litte. Ein
Land kann dauernd nicht ungestraft nur exportiren, und der Umschwung in der amerikanischen Zollpolitik wird sich nothwendiger
Weise im Verhältnisse seiner Ausfuhr zu Gunsten des Freihandels
wenden, da die Interessen der Rohproduction die bisher geschützte
Industrie-Interessen zurückdrängen müfsen. Ueberhaupt ist die
Furcht vor der Gewerbthätigkeit eines anderen Landes mehr das
Zeichen eines moralischen als eines materiellen Rückganges. Der
amerikanische Gewerbfleifs hat bis jetzt in Europa nur in den-

2*

jenigen Zweigen concurriren können, bei welchen das Rohmaterial
eine geringe Rolle im Verhältnisse zur aufgewendeten Arbeit
spielte und bei denen geniale Construction und geschickte Ausführung unter Anwendung von Special-Werkzeugen den Ausschlag gegeben haben, als z. B. bei Mähmaschinen, Nähmaschinen,
kleinen Hausgeräthschaften, sauberen Gufswaaren, Handwerkzeugen
und Uhren. Nur in seltenen Ausnahmefällen hat er der europäischen Grofs-Industrie eine Concurrenz bereitet. Bei fast allen
jenen Sachen ist der praktische Blick der Amerikaner bewundert
worden und hat zu einer belebenden Nachahmung gereizt. Man
kann behaupten, dafs fast alle grofsen Erfindungen von Europa
ausgegangen sind, während die Nothwendigkeit die körperliche
Arbeit auf das Aeufserste zu beschränken und die Maschine an
die Stelle der rohen Muskelkraft zu setzen, die Bewohner des
menschenarmen Amerika frühzeitigdahin gedrängt hat, sie auf
Thätigkeiten des alltäglichen Lebens auszudehnen, ehe dies Bedürfnifs in Europa ebenso lebhaft empfunden worden ist. In Folge der
hohen Arbeitslöhne ist die raffinirteste Ausbildung des Werkzeuges
zu einem Aequivalent für die geringere Ausbildung der Arbeitstheilung, die durch das rastlose Vordringen nach uncultivirten Land-
strichen erschwert wird, geworden. Dies Bestreben äufsert sich in
allen amerikanischen Werkzeugen, in den hunderten Arten von
Aexten und Spaten für bestimmte Verrichtungen, in den wuch-
tigen Schmiedehämmern sowohl als in dem feinen magnetischen
Tapezierhammer, in der Mähmaschine sowie in der Aepfelschäl-
maschine. Sie haben alle dieselbe Tendenz der Kraft- und Zeit-
ersparnifs und eine höhere Achtung vor dem Werthe der menschlichen feineren Arbeit ist ihre Ursache und ihr Resultat. Ziehen
wir aber zwischen unseren früheren und jetzigen Zuständen Ver-
gleiche, so müssen wir auch bei uns eine wesentliche Verbesserung
in dieser Richtung constatiren. Ich erinnere nur an die sich mehr
und mehr ausdehnende Verwendung ländlicher Kraftmaschinen,
des Dampfpfluges, der Mäh- und Dreschmaschinen und der vielen
kleinen Motoren und Special-Werkzeuge, die die Landwirthschaft
und das Handwerk entlasten.

Die Furcht vor dem Uebergewichte Amerikas beruht auf der Annahme, dafs es sich rastlos fortbewegt, während wir stillstehen, und
in dieser Beziehung droht uns nur die eine Gefahr in der stetigen
Zunahme des europäischen Militarismus, unter dessen schädlicher

Einwirkung die gewerbliche Thatkraft quantitativ und qualitativ leidet. Er vermindert die Production und unterbricht die Ausbildung des Individuums in der Periode der intensivsten geistigen Aufnahmefähigkeit. Hierdurch könnte das produktive Gleichgewicht zwischen Europa und den überseeischen Culturländern mit der Zeit gestört werden und die Auswanderung Dimensionen annehmen, welche die Befürchtung vor Uebervölkerung in's Umgekehrte verwandelt.

Ein eigenthümliches Zeichen der Unsicherheit über die Einwirkungen der Auswanderung in Bezug auf Bevölkerung zeigt sich in einer jetzt in Frankreich in Scene gesetzten Agitation, welche eine regere Colonisation verlangt und zwar aus dem entgegengesetzten Grunde, den unsere Agitatoren dafür geltend machen nämlich, aus Furcht vor einer drohenden Entvölkerung. Ein vor Kurzem von Paul Gaffarel über die Geschichte der französischen Colonien erschienenes Werk plaidirt für eine Wiederaufnahme der Colonisation, um der Entvölkerung Frankreichs zu begegnen, welche das Land, wie er annimmt, zur Machtlosigkeit gegen seine Nachbarstaaten degradiren muſs. Englands Bevölkerung habe sich, sagt er, seit einem Jahrhundert verdreifacht, obwohl es Amerika und Australien bevölkert hat; Ruſslands Bevölkerung seit Alexander I. sich verdoppelt ebenso Deutschlands trotz seiner starken Emigration, (die Erweiterungen der Landesgebiete scheint er unberücksichtigt zu lassen) und er führt die schwache Vermehrung der französischen Bevölkerung auf die zu geringe Auswanderungslust der Franzosen zurück, indem ihr Wachsthum unter der Furcht vor Zersplitterung des Grundbesitzes und der angesammelten Vermögen zurückgehalten werde. Die Geburt eines zweiten Sohnes werde in den meisten ländlichen Bezirken als ein Familienunglück, als eine Schädigung des Familienbesitzes angesehen. Vermittelst der Auswanderung resp. Colonisirung will er Ellbogenraum schaffen und hofft, daſs sie ein Mittel für eine gröſsere Energie in der Vermehrung bilden werde. Die Gründe, welche er als Ursache der zweifellos trägen Volksvermehrung bei den Franzosen annimmt, werden von vielen seiner Landsleute getheilt; aber wenn auch diese allein nicht der eigentliche Sitz des Uebels sein sollten (eine Frage, auf die hier nicht eingegangen werden kann), so ist es dennoch unbestreitbar, daſs die Vermehrung eines Volkes stets im Verhältnisse zu der

mehr oder minder grofsen Leichtigkeit der Versorgungsver-
hältnisse steht und dafs der durch Auswanderung geschaffte
Raum sich bald wieder auf's Neue ausfüllt, wenn die Ernährungs-
verhätnisse hierdurch erleichtert werden. Roscher drückt sich
hierüber folgendermafsen aus: «Die Volksvermehrung hat die Tendenz, gerade so weit zu gehen, als das Mafs der Nahrungsmittel
(im weiteren Sinne) mit den üblichen Bedürfnissen verglichen, irgend
verstattet» und er fügt hinzu: «Dieses Naturgesetz ist in seiner
Art ebenso unzweifelhaft als das Gesetz der Schwere. Jede Erweiterung des Nahrungsspielraumes, mag sie nun auf vermehrter
Production oder auf vermindertem Bedürfnisse beruhen, zieh
ein Wachsen der Einwohnerzahl nach sich» und Carey sagt, indem er sich gegen Malthus wendet: «Die Bevölkerung der Länder
überlasse man ihr selbst und sie wird für sich selbst sorgen.
Ohne ihr Wachsthum kann weder die Macht ökonomischer Ver-
einigung noch die Liebe zur Eintracht und zum Frieden entstehen,
welche für Verbreitung von Wohlstand und der Cultur des besten
Bodens nöthig sind und ohne welche der Lohn für Arbeit nicht
grofs sein kann. Mit ihrem Wachsthum vergröfsert sich die
Production, der Arbeiter kann einen höheren Lohn in Anspruch nehmen und hiermit einen weiteren Schritt zur Gleichheit
der Lebensbedingungen thun».

Es wird vielfach auf die glänzenden Resultate der irischen
Auswanderung hingewiesen, welche das Loos der Zurückgeblie-
benen verbessert haben soll. Letzteres ist jedoch keineswegs in
dem Umfange, wie behauptet wird, der Fall gewesen, das Massen-
elend ist dort auch heute noch sehr grofs. Die Verminderung
der Bevölkerung war überdies nicht das Resultat der Auswanderung allein, sondern es hat die Vermehrung aus vielen anderen
Gründen, namentlich aber in Folge der schlechten Ernährungs
verhältnisse, abgenommen. Die beispiellos wirthschaftliche Ver-
kommenheit dieses Volkes, welche durch politische Mifsstände gefördert worden ist, hat die Armuth zu einer unerträglichen Höhe
gesteigert, gegen welche selbst die Elasticität des National
Charakters in seiner seltenen Verbindung von Intelligenz und
Indolenz nicht mehr ausreicht.

Die jetzige Generation hat die Sünden der früheren zu
büfsen. Der Old-Irish Gentleman des vorigen Jahrhunderts, welcher
sein Hab und Gut mit einem enormen Train von abhängigen

Müfsiggängern, die seinen bettelhaften Hofstaat bildeten, verprafste, seine Güter vernachlässigte und Boden wie Menschen versumpfen liefs, hat nach und nach dem englischen Latifundienbesitzer, der sein Gut in kleinen Parzellen verpachtet und die Bewirthschaftung fremden Händen überläfst, den Platz räumen müssen. Trotzdem vermehrte sich bei der Bedürfnifslosigkeit und Indolenz des Volkes, die Bevölkerung zwischen 1766 und 1841 von 3 Mill. auf 8½ Mill, nahm aber zwischen 1841 und 1871 wieder um 3 Mill. ab, da die schlechten Ernten und Hungersnöthe vom Ende der vierziger Jahre die Bevölkerung decimirten und Viele zur Auswanderung zwangen. Das Elend hat einen so hohen Grad erreicht, dafs selbst eine so leichtsinnige, bedürfnifslose Bevölkerung wie die irische, den früheren Vermehrungs-Coefficienten nicht mehr einhalten kann. Das Verhältnifs der eingegangenen Ehen zeigt dies am besten; so kommt in England auf je 122 Personen eine Heirath, während in Irland bei Protestanten eine solche nur auf 144 und bei Katholiken auf 212 Personen fällt. Das Verhältnifs ist bei den Ersteren deshalb günstiger als bei den Letzteren, weil jene hauptsächlich im Norden, welcher eine schwunghafte Industrie besitzt und dessen Bodenverhältnisse erträglich sind, wohnen während sich die grofse katholische Bevölkerung in den übrigen Theilen, namentlich aber im ärmeren Westen befindet.

Nach dem Census von 1871 hatte Irland 5412377 Einwohner, während die Schätzung des General Registrators vom Jahre 1879 nur 5363324 Einwohner aufstellte, worin jedoch die aufser Landes befindlichen Soldaten und Matrosen nicht inbegriffen waren; es hat mithin in dieser Zeit eine Einbufse von vielleicht 50000 Menschen erlitten. Während im Jahre 1878 in England eine Geburt auf 27,7 Einwohner fiel, bestand in Irland das viel ungünstigere Verhältnifs von 39,1; der Ueberschufs der Geburten über die Todesfälle war in England gleich einer Geburt auf 70,8 Personen der Bevölkerung, während er in Irland nur eine Geburt auf 154,9 Personen bezifferte. Die Verringerung zeigt sich am Klarsten, wenn man folgende Tabelle des Ueberschusses der Geburten über die Todesfälle ansieht:

1871.	1872.	1873.	1874.	1875.	1876.	1877.	1878.
62945	51715	46840	49327	40206	48151	46116	34531

Die Auswanderung wirkt hierauf insofern, als die Vermehrung hauptsächlich von den Männern im Lebensalter zwischen 20 und 35 Jahren abhängt. Diese bilden aber in der irischen Bevölkerung 25 pCt., während sie in der Emigration 50 pCt. betragen. Nach allen vorliegenden Thatsachen muſs ich die Furcht vor einer Uebervölkerung bei uns einstweilen für unbegründet halten. Bisher haben wir wenigstens keine Spuren davon wahrgenommen, und Maſsregeln gegen ein Uebel, dessen Vorhandensein sich durch keinerlei Zeichen indizirt, schon jetzt zu treffen, wäre um so ungerechtfertigter, als die Wirkung der vorgeschlagenen Hilfsmittel zweifelhaft ist.

Die Klagen über die zu starke Volksvermehrung in einzelnen deutschen Distrikten wie in Oberschlesien und einem Theil von Sachsen mögen begründet sein, aber ihre Ursache liegt in der Degeneration des Volkes, welches sich zu keiner Auswanderung nach anderen Landestheilen emporschwingen kann, sondern am Heimathsort und an der althergebrachten Beschäftigung (wie an der Weberei in Sachsen und Schlesien) kleben bleibt. Eine überseeische Auswanderung würde dort jedoch am wenigsten am Platze sein, da der Auswanderer sicher untergeht, wenn er nicht eine gröſsere Schwungkraft mit sich bringt, als die alten Verhältnisse beanspruchen; denn nirgend ist der Kampf um das Dasein ernster als bei der Neugründung einer Heimath in fremdem Lande.

Staatlich organisirte Auswanderung.

Eine staatlich organisirte Auswanderung soll, nach der Ansicht der Colonisationsfreunde, als Abhilfe gegen die befürchtete Uebervölkerung dienen; sie versprechen sich von derselben ferner die günstigsten Rückwirkungen auf das Mutterland und einen Ersatz für die Opfer, welche es zu bringen hat, wenn die Colonie in einem staatlichen Zusammenhange mit ihm bleibt.

Die Kosten der Auswanderung bestehen in der Ausgabe für den Transport, den Ankauf des zu bebauenden Landes und der Arbeitswerkzeuge, sowie in der Auslage für den Unterhalt der Auswanderer bis zu dem Zeitpunkte, wo sie die für ihre Erhaltung

genügenden Erträge erwerben können. Diese Zeitdifferenz ist nicht
ganz klein, sondern man darf annehmen, dafs selbst bei der treff-
lichsten Vorbereitung ein Jahr nach ihrer Ankunft vergeht, ehe
jener eintritt. Die Kosten sind also nicht unbedeutend und betragen, selbst wenn das Land gratis oder zu einem geringen
Preise zu haben ist, nach der allgemeinen Annahme mehr als den
Vermögensdurchschnitt pro Kopf der Bevölkerung des Mutterlandes.
Hierdurch wird aber die Masse der Zurückbleibenden geschädigt,
da das Capital der Nation verloren geht. Schon die Auswanderung ohne Staatshilfe ist ein Verlust für den Nationalreichthum
und nach der Berechnung der Auswanderungsökonomisten beträgt
sie enorme Summen. Nach Herrn Fabri's Angabe, welcher sich
auf Moldenhauer stützt, soll der Verlust, den Deutschland durch
die Auswanderung erlitten hat, einschliefslich des Werthes der
verlorenen Arbeitskraft in niedrig gehaltenen Ansätzen jährlich
3 Millionen Mark oder im Ganzen 15 Milliarden Mark betragen;
Herr von Weber berechnet ihn sogar auf 23 Milliarden Mark,
wenn man noch die Erziehungskosten der Auswanderer hinzuzählt.
Mögen diese Annahmen zuverlässig oder nicht sein, so läfst sich
ein Verlust des Nationalvermögens durch die Auswanderung nicht
bestreiten. Doch möchte ich hierbei bemerken, dafs mir in den De-
ductionen derjenigen, die eine Uebervölkerung behaupten, ein
Widerspruch zu liegen scheint, wenn sie die verlorene Arbeitskraft capitalisiren, da nach ihrer Ansicht zuviel Arbeitskräfte
vorhanden sind, also ein Ueberflufs, welcher ökonomisch nicht
nutzbar und daher schädlich ist. Wir Andern hingegen, die wir
dies nicht zugeben, müssen allerdings die verlorene Arbeitskraft
als einen wesentlichen Schaden mit in Betracht ziehn. An der
gewöhnlichen Auswanderung können ganz Unbemittelte nicht
Theil nehmen, und wenn sich ein Landestheil besonders stark
daran betheiligt, so pflegt dies ein Beweis zu sein, dafs eine
eigentliche Noth nicht geherrscht hat, sondern die Auswanderung
von dem nicht ganz besitzlosen Theil des Volkes gewählt worden ist, um seine Arbeitskraft mit Hilfe des ersparten Kapitals
vortheilhafter als im Heimathsdistrikte verwerthen zu können.
Sociale sowohl als politische, oder auch religiöse Beweggründe
sind zuweilen die treibende Ursache. Die Schwierigkeit, wegen
gesetzlicher Hindernisse, Grundeigenthum zu erwerben wie in
Mecklenburg, oder eine zu grofse Güterzersplitterung wie in ein-

zelnen Theilen von Süd-Deutschland hat Schaaren unserer bäuerlichen Bevölkerung nach Amerika getrieben. Dies ist als ein nationaler Kraftverlust zu beklagen, doch steht er in keinem Verhältnifs zu dem Schaden, den eine Auswanderung auf Staats-kosten d. h. auf Kosten der grofsen Masse des unbemittelten zu-rückbleibenden Volkes anrichten würde. Carey drückt sich sehr drastisch hierüber aus indem er sagt: «Systematische Colonisation heifst nichts weiter als die Zwangsausfuhr von Menschen, welche zu Hause bleiben würden, wenn sie es könnten; und sie könnten es, wenn Besteuerung und Vielregiererei es gestatteten. Ihre Für-sprecher aber findet man stets unter denen, welche ihren Lebens-unterhalt aus der Besteuerung, Vielregiererei und den Monopo-lien beziehen».

Die mannigfachen Experimente, welche unternommen worden sind, um eine ganz verarmte Bevölkerung auf öffentliche Kosten in die Colonien zu schicken und von ihr, durch eine Verpflichtung zu Abzahlungen, die Auslagen zurückzuerhalten, sind meistentheils gescheitert. So z. B. die meisten Versuche nach dem Wake-field'schen System. Die in England bestehenden Gesellschaften, welche in Verbindung mit einzelnen Colonien Auswanderer be-fördern und denselben einen Theil der Kosten stunden, sind dagegen sehr heikel in der Wahl der Aspiranten. So betrug die Zahl der im Jahre 1871 von England aus, in seine Colonien aus öffentlichen Fonds, beförderten Auswanderer im Ganzen 15752, wovon 5279 nach Canada, 465 nach New S. Wales, 1331 nach Victoria, 2343 nach Queensland, 6279 nach Neu-Seeland, 10 nach West-Australien und 45 nach den Falklands-Inseln geschickt wurden. Dies ist jedoch keineswegs ganz auf Kosten der Regierung oder der Gesellschaft geschehen, sondern es wurde den Auswanderern meistens eine nur geringe Unter-stützung ertheilt, die fast ausschliefslich von den Colonialregie-rungen und nur in seltenen Fällen von dem Mutterlande bewilligt war. Bei der Canadischen Auswanderung wurde den Erwachsenen eine Unterstützung von 10 Dollars von der Colonialregierung gegeben. Nach New South Wales, West-Australien und den Falklands-Inseln verschickte die Commission die Emigranten zwar auf eigne Rechnung, doch pafste sie die Wahl der zu Unter-stützenden genau dem vorhandenen Bedürfnisse an; nach New South Wales wurden nur unverheirathete, weibliche Dienstboten

unentgeltlich befördert, weil die Colonie Mangel daran litt. Nach
Süd-Australien hingegen wurden gar keine freien Ueberfahrten bewilligt, aber diejenigen Emigranten, welche von den Commissarien
als tauglich bezeichnet wurden, erhielten bei ihrer Ankunft in der
Colonie Landordres von £ 20 für Erwachsene und £ 10 für jedes
Kind, auf welche sie bestimmte Parzellen Kronland zur Be-
bauung zugewiesen bekamen. Hierauf wurde ihnen ein zweijäh-
riger Vorschufs bis zu ¹/₅ des Nominalwerthes bewilligt. Nur in
Neu Seeland, wohin man die Auswanderung beschleunigen wollte,
war der Gouverneur ermächtigt, für die Jahre 1871 und 1872
£ 200000 jährlich für die Unterstützung zur Ueberfahrt von Erd-
arbeitern, Landarbeitern, Gärtnern, Schäfern und einigen Land-
handwerkern zu verausgaben. Verheirathete Ehepaare und ihre
Familien erhalten bei Zahlung von £ 5 pro Erwachsenen oder Ein-
händigung eines Solawechsels (promissory note) über den doppelten
Werth, die Ueberfahrt, wenn sie von den Commissarien als tauglich
angenommen werden. Es wird bei der Auswanderung mit Unterstützung streng auf die körperliche und gewerbliche Befähigung der Individuen gehalten und nur den Arbeits- und Vermeh-
rungsfähigen eine Unterstützung ertheilt, während Greise und
Leute, deren Metier nicht in Begehr ist, davon ausgeschlossen
bleiben. Mit unsern sächsischen und schlesischen Webern würde
sich eine Colonie sicher nicht beschweren, wie denn auch die australischen Colonien die Aufnahme aus den englischen Arbeitshäusern
streng verweigern. Die Gesammtzahl der zwischen den Jahren 1847
und 1872 unter Hülfe öffentlicher Unterstützung Ausgewanderten
betrug 348 497, also durchschnittlich ca. 13400 Individuen pro Jahr
was gegen die Fluth der allgemeinen Auswanderung und der
speciellen nach den Vereinigten Staaten äufserst gering zu nennen
ist und in keinem annähernden Verhältnifs zu den Forderungen
unserer Colonisations-Enthusiasten steht. Herr v. Weber verlangt,
dafs jährlich mindestens 200000 bis 300000 Proletarier aus Deutschland auswandern müfsten, um «unseren übervölkerten und vom trost-
losesten Pauperismus bedrohten Provinzen eine wesentliche Erleich-
terung zu schaffen; denn eine nur im gewöhnlichen Verhältnisse statt-
findende Auswanderung ist als Heilmittel gegen Uebervölkerung
und Arbeitsmangel ungefähr dasselbe, als es ein Versuch sein
würde, bei dem über die Ufertreten eines angeschwollenen grofsen
Stromes die fluthende Wassermasse durch einen engen Muhlgraben

abzuleiten.' Die Kosten, um 2 — 300 000 Proletarier wegzu-
schaffen und anzusiedeln sind aber so enorm, dafs sie uns dem
Staatsbankerott ;entgegen treiben würden; der zurückbleibende
Theil des Volkes hätte jährlich eine kolossale Summe zu verausgaben, um wie Herr v. Weber meint, durch ein geringeres
Angebot von Arbeit den Arbeitsmarkt günstiger zu gestalten.
Dem englischen Staate kosteten die Leute, die 1823 in Canada
angesiedelt wurden, £ 22 pro Kopf, und wenn wir diese Summe
als Norm annehmen; was bei einer Ansiedelung in Süd-Amerika
wohl kaum zu hoch gegriffen sein dürfte, so hätten wir eine
Jahresausgabe von 132 Millionen Mark für das Experiment zu
tragen. Dies könnte aber den beabsichtigten Zweck dennoch
nicht erfüllen, denn da mit den Producenten und ihren Angehö-
rigen auch Consumenten verloren gehn und die Consumtion nicht
von den ·oberen Zehntausend· sondern von der grofsen Masse
der Unbemittelten belebt wird, so würde sich das Verhältnifs
des Arbeitsmarktes durch die Auswanderung nicht wesentlich
bessern, indem neben einem kleinen Theile der Producenten ein
grofser Theil der Consumenten mit fortzöge. Das alte Verhältnifs zwischen Arbeitsangebot und Nachfrage bliebe vielmehr
wahrscheinlich bestehn, wenn sich nicht gar die Consumtion durch
die erhöhte Steuerlast noch verringerte, wodurch sich das Angebot
von Arbeit vermehren müfste. Das Experiment würde also wahrscheinlich die entgegengesetzte Wirkung zur Folge haben!
Die Behauptung des Herrn v. Weber und seiner Anhänger,
dafs ein Uebermafs von Arbeitsangebot vorhanden sei, erweist
sich als gänzlich unrichtig, wenn man das ganze Land dabei in
Betracht zieht und von einzelnen Uebergangsperioden und Krisen
absieht. Die Ueberstürzung der Schwindelperiode hatte Massen
ländlicher Arbeiter aus den Ackerbaudistrikten in die Industriebezirke gezogen, so dafs in den Ersteren ein Arbeitermangel
und bei sinkender Nachfrage in den Letzteren ein Ueberflufs
eingetreten war. Dies hat sich im Laufe der Krisis wieder
ausgeglichen, doch darf man behaupten, dafs die Landwirthschaft im Ganzen {eher an Arbeitermangel als an Ueberflufs
laborirt. Dies giebt Herr v. Weber selbst zu, indem er darauf
hinweist, dafs durch den mehr um sich greifenden Zudrang der
Landarbeiter nach den grofsen Städten, die Ackerbaudistricte
werthvoller Arbeitskräfte beraubt werden und hinzufügt:

«Vielleicht wäre es gut, dem überschnellen Wachsthum unserer
Grofsstädte mit künstlichen Mitteln entgegen zu wirken und die
Industrie nicht auf Kosten des Landbaues durch einseitige Be-
günstigungen zu stimuliren». Er bezieht sich ferner auf den
schon von Guizot 1849 ausgesprochenen Wunsch, einer all-
mälichen Rückkehr zur Rusticität als einziges Mittel gegen die
politische Unruhe des französischen Volkes. Dieser fromme
Wunsch Guizots hat sich weder in Frankreich noch in irgend
einem anderen Lande erfüllt. Wohin wir auch blicken, vollzieht
sich die Anschwellung der grofsen Städte in ähnlicher Progression,
und hiergegen werden künstliche Mittel, vom Einzugsgeld an bis
zu Dragonaden keine Hülfe schaffen. In keinem Lande Europas
ist die Freizügigkeit mehr und länger als in Deutschland erschwert
gewesen, und dennoch haben sich die Erschwerungen machtlos
gegen obiges Uebel, wenn es ein Solches ist, gezeigt. Es ist die
Folge der Entwickelung der Verkehrsmittel und der Industrie.
Unsere hinterpommerischen Junker haben sich seiner Zeit instinctiv
gegen eine Eisenbahn gesträubt, welche ihnen wie sie meinten,
«das Berliner Gesindel nach Hinterpommern bringen würde, um
ihre Leute zu verderben». Zwar ist der entgegengesetzte Fall
eingetreten, ihre Leute sind nach Berlin und anderen grofsen
Städten gezogen, aber die gefürchtete Erhöhung der Löhne, die
des Pudels Kern war, ist wirklich bei ihnen eingetreten. Ebenso
wenig würden Revolutionen, welche aus socialem Elend entstehen,
durch eine Rusticität verhindert werden. Die Bauernkriege haben
bei dem Landvolke angefangen; in der Schweiz waren es stets
die Landbezirke, welche sich gegen die Städte auflehnten, und
der Sitz unserer Kartoffel-Revolten im Jahre 1847 lag nicht vorzugsweise in den grofsen Städten, sondern ging von den kleinen
Landstädten aus.

Die vielverbreitete Anschauung, dafs man die Schäden einer
geplanten Auswanderung ablenken kann, wenn man sie zu einer
nationalen Colonisation umgestaltet und hierdurch das Tochter-
land mit der Mutter staatlich verbindet, weil dann durch den vermehrten Handelsverkehr die direkten Opfer ersetzt werden,
beruht auf einer Illusion, wenn die Handels- und Industrieverhält-
nisse des Mutterlandes nicht, wie es in England der Fall ist,
sehr hoch entwickelt sind, d. h. wenn nicht ein Ueberflufs freier
Capitalien vorhanden ist und die Industriebedingungen nicht ge-

nügend stark ausgebildet sind, um auch ohne Schutz mit denen anderer Völker zu concurriren. Ohne Zweifel ist die Industrieentwickelung Englands durch seine Colonien befördert worden, aber man darf nicht vergessen, dafs die Anfänge dazu in eine Zeit fielen, in welcher der Verkehr zwischen den europäischen Nationen noch sehr wenig entwickelt und durch Kriege gehemmt war, und dafs die damalige Anschauung es zuliefs, die Colonien als Domänen des Mutterlandes oder der Handelsgesellschaften rücksichtslos auszupressen.

Macauley, dem Niemand seinen englischen Patriotismus absprechen wird, äufsert sich folgendermafsen über die Behandlung Indiens durch die ostindische Gesellschaft: «Enorme Reichthümer wurden schnell in Calcutta eingeheimst, während 30 Millionen menschlicher Wesen in die äufserste Noth versetzt wurden. Sie waren gewohnt unter Tyrannen zu leben, aber nie unter einer Tyrannei wie diese. Sie empfanden den kleinen Finger der Gesellschaft schwerer als die Hüfte von Surajah Dowlah. Gegen ihre alten Herrscher hatten sie wenigstens ein letztes Mittel; wenn der Druck unerträglich wurde, so warfen sie die Regierung nieder. Aber das englische Regiment war nicht abzuschütteln. Diese Regierung, so unerträglich wie die drückendste Form barbarischen Despotismus, war zu gleicher Zeit stark, mit aller Kunst der Civilisation. Sie glich eher einer Herrschaft von Dämonen als menschlichen Tyrannen.» Solche Mittel sind heutzutage nicht mehr anwendbar. Die Begriffe der Regierungspflichten haben sich seitdem geklärt und eine jede Regierung, welcher Richtung sie auch ihren Ursprung verdankt, kann sich auf die Dauer des Schutzes der Schwachen den Mächtigen gegenüber nicht entziehen, ohne in ihrem eigenen Lager auf den heftigsten Widerstand zu stofsen und ihre Existenz zu untergraben. Auch in Indien war das System nicht haltbar. Nachdem die Gesellschaft ihre Monopolien nach und nach verloren hatte, bestand sie noch als Regierung weiter, bis sie nach der Rebellion vor ca. 20 Jahren aufgelöst wurde und die englische Regierung Indien als Kronland in Besitz nahm.

Wenn jetzt eine Colonie lebensfähig bleiben soll, so mufs ihr die gröfseste wirthschaftliche Selbstständigkeit gewährt werden, selbst wenn sie vom Heimathsstaate aus ohne eigene Vertretung regiert wird. Das Verhältnifs des Colonisten zum Mutterlande ist von der Stellung eines Bürgers zu seinem Staate, grundverschieden. Ersterer

betrachtet die alte Heimath nur als eine materielle und moralische
Stütze für seine Existenz; er verlangt von ihr Capital, Arbeitskräfte,
Verkehrsmittel, Schutz und die geringen geistigen Bedürfnisse, zu
welchen ihm der fieberhafte Drang des Neuschaffens die Muße läßt;
aber er bietet ihr nichts dagegen. Er sucht, unbekümmert um
patriotische Gefühle, den günstigsten Markt für seinen Bedarf
sowohl als für seinen Absatz auf und kehrt oft genug seinen Zoll-
tarif selbst gegen das Mutterland. In der Colonie heißt es ruhelos
bauen, um den Grund zu einer individuellen sowohl als staatlichen
Neuexistenz zu legen. Jeder schafft und denkt für sich selbst, und
wie in solchem Zustande das Individuum ein fast schrankenloses, oft
zum Faustrecht hinneigendes Selbstbestimmungsrecht fordert, ebenso
äußert der neugeschaffene Staatskörper, im rücksichtslosen Egoismus, das Verlangen nach Unabhängigkeit. Er lebt für sich selbst
und unterwirft sich dem Mutterlande nur in soweit, als er dessen
Hilfe bedarf, aber Pflichten kennt er nur für sein eigenes engeres
Interesse, das ihn oft genug vom Mutterlande trennt. Diese
Bedingungen haben England in der Behandlung seiner Colonien
(wenn auch in den verschiedensten Formen) geleitet, seitdem der Abfall der Vereinigten Staaten dem Mutterlande die
eindringliche Lehre ertheilt hat, daß eine Colonie ihr eigenes
selbstständiges Leben hat.

Wie schon bemerkt, verdankt England seinen Colonien einen
großen Theil seines Handels sowohl als die raschere Entwickelung
seiner Industrie, aber der leitende Grundsatz: «the trade follows
the flag» konnte sich nur da bewähren, wo alle Elemente zu einer
natürlichen Entwickelung auf das günstigste vereint waren. Die
insulare Lage, die das Volk vor feindlichen Einfällen bewahrte
und es frühzeitig zur Schifffahrt erzogen hat, der Ueberfluß an
Naturproducten zu einer Zeit, in welcher politische Wirren und
blutige Kriege die continentalen Völker zerfleischten und an der
Ausbeutung ihrer wirthschaftlichen Hilfsquellen behinderten, bildeten die Grundlagen seiner Macht. Seine Kriege führte es hauptsächlich zur See, und während es den continentalen Verbündeten
mit viel Geld und wenig Truppen zur Hilfe kam, entstand eine
mächtige Kriegsmarine, welche den Spaniern, Holländern und
Franzosen, die vom 16. bis 18. Jahrhundert unablässig colonisirt
hatten, ihre Besitzungen abjagte und der kräftig sich entwickelnden
Industrie neue sichere Absatzwege verschaffte, indem es den Han-

del ausschliefslich an sich rifs. Es lag dies im Geiste der Zeit
und des herrschenden Merkantilismus. England hat dieser Rich-
tungspäter nicht sowohl aus theoretischen Gründen entsagt, als
in Folge der praktischen Erfahrung, dafs der freie Verkehr die Colonien sowohl wie das Mutterland kräftigt, und kein anderer Staat
wird heute noch den Versuch wagen, Colonien durch Monopolien
künstlich zu züchten. Will er hingegen durch Vorzugstarife den
Handel oder die Industrie forciren, so schädigt er die Colonie
sowohl als das Mutterland und fordert aufserdem Retorsionen
heraus. Deshalb hat jenes Motto jetzt nur eine Bedeutung, wenn
die natürlichen Bedingungen unter der Flagge stark genug sind,
um auch ohne Zwang überall durchzudringen. Diese aber sind:
Eine grofse Seeküste, Productenreichthum und eine starke, thatkräftige Bevölkerung. Wenn wir die letztere besitzen und auch die
Produktion sich günstig entwickelt, so fehlt uns die erste. Wir sind
und bleiben in Folge unserer geographischen Lage die Verbin-
dungsbrücke für weite, reiche Hinterländer, aber zum Weltempo-
rium können wir uns nicht erheben und unsere eigenen Colonien
würden bei stärkerer Entwickelung England als Markt für ihre
Produkte aufsuchen müssen.

Die Ackerbau-Colonie.

Wenn eine Colonie einer grofsen Zahl europäischer Auswanderer als neue Heimath dienen soll, so kann nur die Ackerbau-Colonie in Betracht kommen; nur sie besitzt die Fähigkeit,
eine grofse thatkräftige Bevölkerung in sich aufzunehmen und
neue Staatengebilde zu schaffen, welche den Keim civilisatorischer
Entwickelung in sich bergen. Das glänzendste Beispiel hierfür
sind die Vereinigten Staaten von Amerika und demnächst
Australien, welches sich unter unseren Augen zu einer wirthschaftlichen Macht entwickelt hat. Canada gedeiht unter dem
Schatten der mächtigen Republik minder stark und Süd-Afrika
entwickelt sich am langsamsten. Einige wenige Daten genügen,
um das gewaltige Emporkommen von Australien zu illustriren.

So wurde New South Wales durch Verbrecher, 505 Männer, 192 Frauen und den sie begleitenden Soldaten, 208 an der Zahl, im Jahre 1787 zuerst colonisirt; ein Jahr später befanden sich in der Colonie 7 Pferde, 7 Rinder und 29 Schafe. Nach vielen Mifserfolgen der ersten Periode war im Jahre 1820 dieser Bestand bereits auf 4014 Pferde, 68 149 Rinder und 119 777 Schafe gestiegen.

Im Jahre 1876 hingegen besafs die Colonie 366 000 Pferde, 3,1 Millionen Rinder und 21 Millionen Schafe bei einer Bevölkerung von 618 000 Einwohnern.

Im Jahre 1807 exportirte sie   245 Pfund Wolle,
»   »   1821   »   »   175 433   »   »
»   »   1839   »   »   7 000 000   »   »
»   »   1876 circa »   » 100 000 000   »   » im Werthe
von ungefähr 5 ½ Millionen £.

Ganz Australien und Neuseeland hatten im Jahre 1876 2 370 000 Einwohner. Die Einfuhr betrug £ 45,1 Millionen, ihre Ausfuhr £ 43,0 Millionen. Der Bestand an Pferden war 958 000 Stück, an Rindern 7⁶/₄ Millionen, an Schafen 63 Millionen und an Schweinen 707 000 Stück. Bei der Ein- und Ausfuhr hat man jedoch den grofsen Verkehr zwischen den Einzelstaaten, welche sämmtlich getrennte Zollgebiete haben, in Anschlag zu bringen. Dieser grofsartigen Entwickelung standen nicht allein günstige territoriale Verhältnisse sowie die Wirkungen des Goldfiebers hilfreich zur Seite, sondern vor allem Anderen ein Umstand, der für die rasche Entwickelung einer Ackerbau-Colonie den entscheidendsten Punkt bildet: Die Ansiedler hatten keine starke Eingeborenen-Bevölkerung zu bekämpfen. Der Widerstreit der Interessen zwischen den Ureinwohnern und den Eindringlingen, bei welchem sich eine humane Regierung nicht neutral verhalten darf, war ihnen von vorn herein erspart. In Neuseeland, wo sie einen kräftigen Stamm (die Maori) vorfanden, war dessen numerisches Verhältnifs nicht stark genug, um die Ansiedlung dauernd zu erschweren, trotzdem aber hat sich diese Colonie deshalb langsamer entwickelt.

Es ist daher gewifs nicht zufällig, dafs die viel ältere Cap-Colonie ein weniger energisches Wachsthum an weifser Bevölkerung aufweist wie denn auch die Lasten und Sorgen, die das

3

Mutterland ihretwegen tragen muſs, sehr hoch zu veranschlagen sind. Der schließliche Erfolg einer geordneten europäischen Kriegs-führung, Wilden oder Halbwilden gegenüber, ist zwar nicht frag-lich, nnd weder die Belastung des englischen Budgets noch der Verlust an Menschenleben bedeuten, in ihren wirthschaftlichen Wirkungen viel gegen die Anspannung mit welchem der be-waffnete Frieden die continentalen Nationen stetig überbürdet. Aber die Hauptsorge für die Regierung liegt in der Verant-wortung, die sich das Mutterland für die Sicherheit der Colonisten aufbürdet, und in der nicht geringeren die Interessen derselben in's Gleichgewicht mit dem Wohle der Eingeborenen zu bringen. Wenn man Letzteres dem Ansiedler überläſst, so wird der Eingeborene zum Sklaven, selbst wenn das Gesetz Sklaverei verbietet. Der Ansiedler betrachtet sich als Privilegirten, der Wilde hingegen sicht ihn als Usurpator an. Der Ansiedler ist der Feudale, der über das Gut und die Kraft des Wilden schalten will, und ohne Restriction seitens des Mutterlandes setzt er dem Vasallen erbarmungslos den Fuſs auf den Nacken. Dem Wilden bringt die Civilisation in ihren Anfängen nur ihre schlechten Seiten. Sie macht ihn trotzig, heimtückisch, betrügerisch, trotz Hymnen und Bibelversen. Der Wilde soll zur Arbeit angelernt werden, der Ansiedler hat keinen Blick für weithinausgehende, moralische Wirkungen. Er gebraucht Arbeiter; hierfür ist die Sklaverei das bequemste, wenn auch gefährlichste System, und sie tritt trotz gesetzlichen Verbotes sicher ein, wenn die Regierung sich der Wilden nicht annimmt. Die englische Regierung hat so weise als human gehandelt, als sie am Cap die Sklaverei auf-hob und die Eingeborenen gegen die Willkühr der Ansiedler beschützte; aber sie hat sich hierdurch die Boers zu Feinden gemacht, die unter «englischer Tyrannei» nicht leben wollten und deshalb weiterzogen.

Herr Ernst v. Weber, welcher für eine Aquisition der Delagoa-Bay und eine massenhafte deutsche Einwanderung in die Transvaal-Territorien schwärmt, um durch sie ein numerisches Uebergewicht über die holländische Bevölkerung herzustellen, tadelt in seiner Schrift die Engländer wegen ihrer «rücksichtslosen, un-vorbereiteten» Emancipation, und nimmt sich der Boers an, die er uns als «Stammesgenossen und Brüder» aufspielen möchte, und die er wiederholt «niederdeutsche Bauern» nennt. Herr

v. Weber ist ein Enthusiast für die Colonisation, und einem Enthusiasten mufs man Manches zu Gute halten, aber die Boers stehen uns nicht einmal so nahe wie die Holländer, eine Nation die sich doch frühzeitig von uns in Sprache und Sitte getrennt hat, die ihre eigene Cultur, Literatur und Nationalität besitzt, und von unserer Landsmannschaft ebenso wenig wissen will, wie die Dänen, Schweden und Norweger, die nicht minder unsere Stammesgenossen und Brüder sind. Der Boer ist ein Stock-holländer, der um zwei Jahrhunderte hinter der Cultur zurück-geblieben ist und einen Beigeschmack von Kaffernthum ange-nommen hat. Selbst mit dem neu eingewanderten Holländer verständigt er sich schwer, und Scheu vor Berührung mit An-deren bildet den Grundzug seiner Eigenthümlichkeit. Er verlangt für sich den weitesten Spielraum, jede Nachbarschaft ist ihm lästig. Herr v. Weber rühmt ihm zwar nach, dafs er die Bibel stets auf dem runden Tische liegen hat und sein Tagewerk mit einer Hymne beginnt, aber neben seiner Frömmigkeit trachtet er danach die Schwarzen mit Scorpionen zu züchtigen, und seine Bibelfestig-keit äufsert sich meist in alttestamentarischen Citaten über die Vertilgung der Heiden, d. h. der Kaffern. Es gehört wirklich der ganze Enthusiasmus eines Colonisationsschwärmers dazu, um uns diese «Biedermänner», die mit uns nichts gemein haben, als die Hautfarbe und eine Anzahl von Wörterwurzeln, als unsere Lands-leute aufzubürden.

Bei der Beurtheilung afrikanischer Verhältnisse darf man nie aus den Augen lassen, dafs die Eingeborenen-Bevölkerung nicht allein bildungs-, sondern auch widerstandsfähig ist, und daher nicht wie der amerikanische Indianer oder Australneger bei der Be-rührung mit der Cultur eingeht. Die schwarze Bevölkerung hat sich im Gegentheile vermehrt, seitdem England ihrer gegenseitigen Zerfleischung Einhalt gethan hat und sie, unter Schutz gegen den Mifsbrauch der Weifsen, zur Arbeit heranzieht.

Es ist bemerkenswerth, dafs unter den 550 000 acres be-bauten Landes, die sich im Jahre 1875 in der Cap-Colonie be-fanden, 150 000 acres d. h. mehr als $^1/_4$ von Eingeborenen als Eigenthum cultivirt wurden, und dafs ihnen von den 24 416 Pflügen der Colonie 9 179. also $^1/_3$ gehörten. Sie besitzen nicht weniger als 1 108 346 Schafe und bringen jährlich ca. 2,2 Millionen Pfund Wolle zu Markte. Die Erwerbsfähigkeit der Kaffern und Hotten-

totten steigert somit die Löhne und vertheuert hierdurch dem
Colonisten die Arbeit. Der Erfolg der Colonie ist aber, wenn man
sie nicht nur als eine Domäne der Weifsen betrachtet, gerade
deshalb gesichert; doch wird sich Süd-Afrika aus diesem Grunde
schon weniger zur Aufnahme grofser Massen von Europäern
eignen, als Australien. Diese Verhältnisse erregen das Mils-
vergnügen der Boers, die das Land für sich allein als Herren
zu besitzen trachten und den Neger, soweit sie ihn nicht als
Sklaven nöthig haben, ausrotten möchten; jedoch Herr v. Weber
sympathisirt mit ihnen und spricht von der «englischen neger-
verzichenden und negerverhätschelnden Administration». Herr
v. Weber ist, wenn ich nicht irre, ein eifriger Vorkämpfer für die
Antivivisectionsbewegung, deren humanen Grundgedanken man
wohl würdigen kann, ohne alle ihre Consequenzen zu acceptiren.
Soll denn aber die Humanität bei den Vierfüfslern aufhören,
und haben die Zweihänder kein Anrecht an sie? Sicher ist Herr
v. Weber nicht für Sklaverei; aber ist Zwangsarbeit gegen einen
Lohn, den der Arbeitgeber einseitig zu bestimmen hat, ist ein
selbstständiges Züchtigungsrecht desselben etwas Anderes? Eine
jede humane Regierung wird, wenn sie sich des Arbeiters, sei er
weifs oder schwarz, annimmt, von den Privilegirten mit scheelen
Augen als tyrannisch angesehen werden und wenn die Boers
der Transvaal-Republik Sympathien für das deutsche Reich gezeigt haben, (wie Herr v. Weber behauptet), so rühren dieselben
jedenfalls eher von einem Widerwillen gegen die englische Neger-
verhätschelung, als von einer Hochschätzung unserer Regierungs-
maximen her, die den isolirten Boers nur wenig bekannt sein
können. — Schwerlich würde sich ein, unter den humanen
Grundsätzen unserer altpreufsischen Tradition grofsgezogener
preufsischer Beamter mit seinen Verfügungen den Beifall unserer
«afrikanischen Landsleute» erwerben. Es wäre vielmehr voraus-
zusehen, dafs sich die Conflikte zwischen ihnen und uns schärfer
als die bisherigen mit den englischen Colonialbeamten zuspitzen
würden.

Ich will die englische Regierung bezüglich der Annectirung
der Transvaalrepublik nicht weifswaschen. Vielleicht war sie ein
grofser Fehler, der sich durch erneute Lasten rächen wird. Aber
die Transvaalregierung war thatsächlich unhaltbar geworden. Sie
besafs weder Macht noch Mittel, und die englischen Besitzungen

waren in Folge ihrer Widerstandslosigkeit gegen die Angriffe der Schwarzen gefährdet. Der pathetische Protest der niederdeutschen Bauern, den uns Herr v. Weber in seiner Brochüre mittheilt, und den er mit dem Eidschwur der ersten Eidgenossen vergleicht, verliert viel von seiner Wirkung, wenn man sich erinnert, dafs die Eroberung der Transvaal-Republik von einem Major mit 25 Mann berittener Polizei vollzogen worden ist.

Die schweizer Bauern und die Vorfahren der Boers in den Niederlanden haben sich nicht mit einem passiven Widerstand begnügt wie ihre afrikanischen Nachkommen. Jener Hergang war sehr verschieden von einer theatralischen Rütli-Aufführung. Ihren Protest überreichten sie den Unterdrückern auf den Spitzen ihrer Speere und gaben ihm mit Dreschflegeln und Morgensternen den überzeugenden Nachdruck. Trotz des pathetischen Protestes scheinen sich die Transvaal-Republikaner mit der englischen Regierung, die ihre Schulden bezahlt und ihr Eigenthum verbessert, jetzt auszusöhnen, und der Kanzler des Deutschen Reiches wird zum Bedauern des Herrn v. Weber diese Last nicht «mit andern Lasten» zu tragen haben.

Die gesammte weifse Bevölkerung Südafrikas besteht aus ungefähr 346000 Personen, wovon 220000 holländischer Abkunft sind. Dieses Bevölkerungs-Resultat einer so alten Colonie sticht sehr unvortheilhaft gegen das obenangeführte australische ab, und es läfst sich kaum erwarten, dafs der fernere Fortgang sich viel günstiger gestalten wird. In der Cap-Colonie waren im Jahre 1865 an 8370000 Schafe, die ca. 19 Millionen Pfund Wolle gaben, während im Jahre 1875 ca. 10 Millionen Schafe mit 28,3 Mill. Wolle vorhanden gewesen sind. Die Wollausfuhr aus sämmtlichen Häfen der Cap-Colonie betrug

1871	46,2 Mill. Pfund im Werthe von £ 2,1 Mill.
1872	48,8 » » » » » £ 3,0 »
1873	40,3 » » » » » £ 2,7 »
1874	42.6 » » » » » £ 2,9 »
1875	40,3 » » » » » £ 2,8 »
1876	34,8 » » » » » £ 2,7 »

Die Verminderung der Wollerträge soll von der Schwierigkeit der Concurrenz gegen die australischen Wollen herrühren, in Folge davon sich die Colonisten in neuerer Zeit mehr der

lukrativeren Straufsenzucht zugewendet haben. Trotzdem der
Boden Südafrikas sich sehr wohl zur Weizen-Cultur eignet, muß
die Cap-Colonie dennoch Getreide importiren. Es fehlt ihr an
einer regelmäfsigen Bewässerung, und wenn diese, was nicht unmöglich aber ein sehr kostspieliges Unternehmen ist, hergestellt
würde, so könnte aus Südafrika eine grofse Kornkammer werden.
Im Jahre 1875 waren in der Cap-Colonie ca. 80 Millionen Acres
Land in Privathänden, von denen sich jedoch nur 550000 unter
Cultur befanden.

Als Ackerbau-Colonie und Wohnsitz für eine grofse europäische Bevölkerung ist Südafrika aus den angeführten Gründen
weniger als Australien geeignet, und der Staat, der es colonisirt,
wird grofse Geld- und Blutopfer zu bringen haben, ehe die Schwarzen sich der europäischen Cultur unterordnen. Die neuesten
blutigen Ereignisse legen hierfür ein mahnendes Zeugnifs ab.

Wie können wir Ackerbau-Colonien erwerben?

Bei der wichtigen Frage über die Erwerbung von Ackerbau-
Colonien gehen die Ansichten unserer Colonial-Agitatoren weit
auseinander. So z. B. schwärmt Herr v. Weber für die Transvaal-
Colonie, während Herr Fabri den wirthschaftlichen Werth dieser
Länder geringer schätzt. Beide geben jedoch zu, dafs für Acker-
bau-Colonien kein freies Terrain mehr vorhanden ist, dafs sich
vielmehr alles überseeische, hierzu geeignete Land bereits in festen
Händen befindet. Dennoch glauben sie, dafs sich auf Umwegen
eine Colonisation, die in gewisser staatlicher Verbindung mit
Deutschland bleibt, und zwar in Süd-Amerika herstellen liefse.
Als hierzu geeignet schlägt Herr Fabri (nach Moldenhauer und
Zelicke) in erster Linie die Laplatastaaten vor, ferner den süd-
lichsten Theil Brasiliens die Provinzen Rio Grande do Sul, Santa
Catharina und einen Theil der Provinz Paraná; sodann Uruguay,
Argentinien, Chili und den nördlichsten Theil von Patagonien.

Herr v. Weber hält die deutsche Massenauswanderung nach
den Vereinigten Staaten für einen ungeheuren nationalökonomi-

schen Verlust, der uns betroffen hat, «und zwar nur deshalb, weil
sie uns wirthschaftlich mit ihrem gesammten Eigenthum, ihrer
gesammten Productions- und Consumtionskraft absolut verloren
gegangen ist», und sein Schmerz äufsert sich in dem Ausruf: «da
möchte ein patriotisches Herz in lautes Wehklagen ausbrechen!»
Er fügt hinzu: «Wären diese unserer Nation verloren gegangenen
endlosen Auswandererzüge z. B. sämmtlich von Anfang an nach
Süd-Amerika gerichtet und dort concentrirt worden, so würde
dort ganz sicher heute ein mächtiges deutsches Reich bestehen,
das wahrscheinlich den Namen der Vereinigten Staaten von Süd-
Amerika führen würde».

Es ist kaum anzunehmen, dafs die Vereinigten Staaten von
Süd-Amerika sich im Laufe einer so langen Periode besser zum
Mutterlande gestellt haben würden als die Vereinigten Staaten
von Amerika zu ihrer Mutter; denn diese sind ja (im Sinne
des Herrn v. Weber wenigstens) «mit ihrem gesammten Eigenthum, ihrer gesammten Productions- und Consumtionskraft»
England ebenfalls verloren gegangen. Eine Colonie, die sich so
blühend entwickelt hätte, wie sie uns die Phantasie des Herrn
v. Weber ausmalt, die «die mächtige Wasserbahn des könig-
lichen La Platastroms zu einem mit zahlreichen Segeln und
Dampfern durchkreuzten südamerikanischen Rhein, die Städte
Buenos-Ayres und Montevideo zu prächtigen deutschen Kriegs-
häfen» gemacht hätte, würde ihre Interessen schwerlich mit denen
des nordeuropäischen Deutschlands, trotz gemeinsamer Sprache
und Abstammung, identificiren. Nun meine ich aber, dafs sich
Herr v. Weber hierüber beruhigen kann, um so mehr als er
es selbst ausspricht, dafs die «wirthschaftliche und nicht die poli-
Verbindung» das Wesentliche sei. Der Handel wird sich stets
dahin wenden, wo er den besten Markt findet, denn er ist seinem
Wesen nach cosmopolitisch. Die argentinische Republik hat
trotz ihres spanischen Ursprunges und ihrer frühern Zusammengehörigkeit mit Spanien (bis zum Anfang dieses Jahrhunderts)
einen 5 mal so starken Handelsverkehr mit England als
mit dem ehemaligen Mutterlande, während ihr Handel mit
Deutschland ebenso stark als ihr spanischer Handel ist. Die
wichtigsten Ausfuhrproducte, Wolle und Häute, finden in England,
welches selbst wenig davon producirt und durch seinen Reichthum
an Häfen ein bequemer Stapelplatz ist, einen gröfsern Markt als

anderwärts, und die Bürger der «deutschen vereinigten Staaten
von Süd-Amerika» würden sich die Zumuthung, ihre Producte aus
Patriotismus vorzugsweise nach deutschen Häfen zu schicken,
ebenso wenig gefallen lassen, wie die ehemaligen englischen
Colonisten in Nord-Amerika damals das ostindische Monopol
anerkennen wollten.

Es ist übrigens eine unrichtige Auffassung, wenn, wie es so
häufig geschieht, behauptet wird, dafs die Auswanderung für
unser Wirthschaftsgebiet so ganz verloren gegangen sei. Schon
Emil Lehmann widerlegt dies in seiner im Jahre 1861 er-
schienenen Schrift «die deutsche Auswanderung», durch Hinweis
auf die Entwickelung der deutschen Rhederei. Diese ist aber
seit dem Erscheinen jenes Buches noch um ein Bedeutendes
gewachsen. Der Seeschifffahrtsverkehr im Hamburger Hafen,
welcher im Jahre 1801 nur 155 000 Reg.-Tons betragen hat, und
sich im Durchschnitt der Periode 1861 bis 1870 auf 1 260 000 Tons
belief, betrug im Jahre 1878 2 273 000 Tons, woran der transatlantische Verkehr mit 801 000 gegen nur 301 000 Tons des
Jahres 1831 Theil genommen hat. Der transatlantische Handelsverkehr Bremens betrug im Durchschnitt der Jahre 1849—1851
ca. 56 Millionen Mark gegen 296 Millionen Mark im Jahre 1877.
Der Verkehr hat sich zweifellos im steigenden Verhältnisse mit
der Auswanderung bewegt, und es ist dies kein zufälliges Zusammentreffen; denn die Auswanderungsschifffahrt hat einen
billigeren Frachtverkehr möglich gemacht und der Einflufs der
unaufhörlichen Bewegung nach den Vereinigten Staaten hat unsere
Märkte auf das Energischeste belebt. Der Anschauung hingegen,
die seit Kurzem Mode geworden ist, (die übrigens weder Herr
v. Weber noch Herr Fabri theilen), dafs die Ausdehnung
der Rhederei einen nur einseitigen Nutzen gewähre, verlohnt es
kaum entgegenzutreten. Schiffe fahren nicht zum Vergnügen hin
und her, sondern bringen uns Producte zur Ernährung, Benutzung
und Weiterverarbeitung, sowie sie unsere Producte und Fabrikate
nach andern Ländern zu denselben Zwecken transportiren.

Die englischen Auswanderungsziffern zeigen es am deutlich-
sten, wie wenig sich der Auswanderungszug vom Colonialbesitz
bestimmen läfst und dafs man ihn nicht auf bestimmte Punkte
dirigiren kann. England, dessen politisches Interesse gegen die
Auswanderung nach den Vereinigten Staaten von Amerika ge-

richtet sein müfste, schickt dennoch den Hauptzug seiner Emigration dorthin. Die Gesammtauswanderung in den Jahren 1877 und 1878 betrug in England 295 213 resp. 147 663 Personen. Hiervon gingen

nach	1871	1878
Den Vereinigten Staaten von Amerika . .	233 747	81 557
British Amerika	32 205	13 836
Australien	15 879	37 214
Nach allen andern Ländern	13 385	15 056

Unter den nach den Vereinigten Staaten Ausgewanderten befanden sich:

	1871	1878
Engländer	82 339	32 099
Schotten	12 691	3 993
Irländer	66 752	18 602
Fremde	68 137	25 659
Unbestimmt	3 828	1 206

Es sind mithin im Jahre 1871 161 782 Bewohner Grofsbritanniens nach den Vereinigten Staaten ausgewandert, während die Gesammtauswanderung nach allen anderen Colonien (inclusive der Fremden, die über England dorthin emigrirt sind) nur ca. 48 000 Köpfe betragen hat. Im Jahre 1878 hingegen praedominirte der Zug nach den Colonien, (54 694 nach den V. St., gegen 66 106 nach andern Theilen), was eine Folge der Wirkungen der amerikanischen Krise war. Die deutsche Auswanderung nach den Vereinigten Staaten betrug im Jahre 1871 nach Amerikanischen Quellen 107 201, während sie im Jahre 1878 auf 31 058 gesunken war, also nicht annähernd die Höhe der Englischen erreicht hat. Die Gesammtzahl englischer Unterthanen, welche zwischen den Jahren 1853 und 1878 nach den Vereinigten Staaten von Amerika ausgewandert sind, betrug 2 767 218 gegen nur 1 663 729 Auswanderer nach den englischen Colonien.

Dieser Zug nach den Vereinigten Staaten ist so berechtigt als natürlich. Der nordeuropäische Auswanderer findet dort geordnete staatliche und Rechtszustände, Verkehrswege, Hilfsmittel und eine ausgebildete Civilisation neben dem weitesten Spielraume für eine grofsartige künftige Culturentwicklung; ferner sind die klimatischen Verhältnisse den unsrigen ähnlicher als die irgend eines anderen überseeischen Himmelsstriches. Alle diese Vortheile

bieten sich in einer verhältnifsmäfsig kurzen Entfernung vom Mutterlande, die mit geringen Kosten zu überwinden ist. Trotz aller
Lobpreisungen Süd-Amerikas stehen seine Chancen in jeder Beziehung weit hinter denen der Vereinigten Staaten zurück und
sind für den Auswanderer dort im besten Falle problematisch,
während er in Nord-Amerika, wenn ihm die eine Beschäftigung
nicht gelingt, mit Leichtigkeit zu einer andern übergehen kann.
Ein systematischer Exodus nach Süd-Amerika, wie ihn uns
Herr v. Weber vorführt, ist ein Phantasieerzeugnifs, dessen Nicht-
erfüllung uns keine Seufzer entringen kann; denn die Auswanderung
läfst sich nicht in Bahnen lenken, welche ihr nicht günstig liegen.
Wird denn der Auswanderer überhaupt von einem patriotischen
Gefühle zu seiner neuen Bestimmung getrieben, oder ist es nicht
vielmehr die Thatsache, dafs ihm das Vaterland zu eng geworden
ist, die ihn verjagt, die ihn zwingt sich vom Althergebrachten, von
jeder fesselnden Bande loszureifsen? Nur wo politische oder religiöse Ursachen die Triebfeder für eine Auswanderung bilden,
bleibt das Gefühl der Zusammengehörigkeit rege; denn der Conflict,
in welchem sich der Emigrant mit seinen Heimathsverhältnissen befindet, ist, wie stark er auch sein mag, nicht stark genug, um die
nationale Anhänglichkeit in ihm zu ersticken, oder vielmehr
gerade der ideale Zug, der ihn forttreibt, erhält in ihm die
Anhänglichkeit an die Cultur, die ihn grofsgezogen hat. Aus-
wanderungen wie diese pflegen überdies in Zügen vor sich zu
gehen, die Solidarität ihres Strebens hält die Theilnehmer enger
zusammen und pflegt auch ihr nationales Bewufstsein, selbst wenn
sie sich mit Liebe (wie z. B. die französischen Refugiés in Deutschland) dem neuen Vaterlande zuwenden, und jede politische
Zusammengehörigkeit mit ihren Stammesgenossen in der alten
Heimath zurückweisen. Wo aber nur materielle Gründe zu einer
Auswanderung zwingen, ist die erste und einzige Frage für
die Betheiligten die Zweckmäfsigkeit des neuen Terrains. Die
Leichtigkeit, eine Heimathsstätte, welche eine Aussicht auf Wohlstand bietet, auf ihm zu errichten, wird hier allein den Aus-
schlag geben, denn die Elemente, welche an einer solchen
Auswanderung theilnehmen, sind nur wenig von jenem idealen
Zuge berührt, und er geht bald in der Arbeit des neuen
Lebens zu Grunde. Vieles was er schmerzlich vermifst, mufs
der Gebildete zurücklassen. Der Mann aus dem Volke ist weniger

sensibel, und wenn ihm die neue Heimath eine sichere Stätte und
ein reichliches Auskommen gewährt, wenn er seine Arbeit vortheilhafter und dauernder als früher für seine Familie verwerthen
kann und wenn er dann die Noth in der alten Heimath mit der
Fülle der neuen vergleicht, so schwindet bald der Rest von Anhänglichkeit an das alte Vaterland, und er geht willig neue
Bündnisse ein. Aber hiergegen soll nach der Ansicht der Coloni-
sationsfürsprecher eine systematische nationale Auswanderung
gerade wirken. Es läfst sich hierauf nur erwidern, dafs alle
Versuche, zu diesem Ziele zu gelangen, bei uns gescheitert sind
und dafs selbst bei nationalen Colonien wie die englischen
Ackerbau-Colonien die Zusammengehörigkeit mit dem Mutterlande eine nur lose ist, die sich sicher ganz lösen wird, sobald
die Colonien stark genug sein werden, um sich von ihm zu eman-
cipiren. Emil Lehmann schildert in dem schon früher erwähnten
Werke die fruchtlosen Bestrebungen deutscher Flüchtlinge zur
Bildung eines deutschen Staates innerhalb der Union wie auch
das abenteuerliche Unternehmen der nordamerikanischen von
dem Verein deutscher Fürsten und Standesherren in Scene gesetzten Colonisirung von Texas, welches damals noch zu Mexiko
gehörte. Die kindische Art und Weise der Ausführung dieser
Colonisation war zwar von vorn herein ruinös für den Versuch,
aber derselbe hätte selbst unter der besten Leitung, soweit es sich
um eine staatliche Verbindung mit Deutschland handelte, wegen
der Entfernung und anderer unüberwindlicher Schwierigkeiten
zu Grunde gehen müssen.

Es ist ebenso müfsig, zu bedauern, dafs wir nicht frühzeitig
colonisirt haben, als über den Verlauf unserer Geschichte zu
jubeln oder zu jammern. Wie der Lebenslauf eines Menschen
gewissermafsen das aus seinen natürlichen Anlagen und den
ihn umgebenden äufseren Einwirkungen resultirende Facit bildet,
so entwickelt sich die Geschichte der Nationen ebenfalls nach
den natürlichen Eigenschaften ihrer Volksstämme, welche wiederum
durch die Beschaffenheit ihres Wohnsitzes modificirt werden. Es
ist daher eine nutzlose Spekulation, über den muthmafslichen
Verlauf, den die Vergangenheit genommen haben würde, wenn
dieses oder jenes Ereignifs nicht eingetreten wäre, Schlüsse zu
ziehen. Wer will und kann rückwärts prophezeien, wie sich die
deutsche Geschichte gestaltet haben würde, wenn dies oder jenes

geschehen oder unterlassen wäre, wenn Hermann den Varus nicht
geschlagen, die Reformation uns nicht gespalten, Friedrich der
Weise die Kaiserwürde angenommen hätte oder Friedrich
der Grofse als Kind gestorben wäre. Geschichtliche Ereignisse
sind nur die Marksteine an dem Entwicklungswege der Nationen,
der sich auf dem Boden ihres Charakters und ihres Landes auf-
baut, und dessen verschlungenen Curven schwer zu folgen ist.
Auch der bedeutendste Mensch, selbst wenn er seiner Zeit den
Stempel seines Willens aufdrückt, kann nur beschleunigend oder
hemmend auf jene Entwicklung einwirken, indem er das vorhandene Material ordnet oder verwirrt; aber umschaffen kann er
es ebensowenig, wie der Alchymist Blei in Gold zu verwandeln
vermag.

Wenn wir nicht überseeisch colonisirt haben, so lag der
Hauptgrund in unseren geographischen Verhältnissen, die unseren
historischen Gang zwingend bestimmten und uns auf eine con-
tinentale Verbreitung anwiesen. Die Sachsen, welche England
eroberten, behandelten es nicht als Colonie, sondern gründeten
ein selbstständiges Reich, welches seinen Zusammenhang mit
dem Mutterlande bald aufgab. England war als Insel ebenso
wie die Bewohner der iberischen Halbinsel auf überseeische
Abenteuer angewiesen, denn es fehlte ihnen das Hinterland. Den
Holländern, welche ihr Land dem Meere abgerungen haben, war
das Meer eine zweite Heimath. Die Deutschen hingegen kämpf-
ten mit den Galliern um die westliche Grenze und rückten sodann
unaufhörlich von Westen nach Osten vor. Sie entrangen den Wenden, Slaven und Litthauern ihre Länder und pflanzten ihre Sprache
und Gesittung vom baltischen Meere bis zur Puszta siegreich und
colonisirend auf; von den Alpen bis zu den Dünen erstreckte
sich ihr Gebiet; das Meer aber gebot ihnen Halt. Um zu colonisiren, bedarf ein Volk einer grofsen Küste am offenen Meere;
es ist kein Zufall, dafs die Italiener, die Beherrscher des
Handels im Mittelalter, ihre Colonisation nur am Mittelmeerbecken
ausgeübt haben und den Nationen am Ocean nach der Entdeckung
des indischen Seeweges in der Concurrenz unterlegen sind. Eben
so wenig hat Deutschland mit seiner geringen, schwer zugäng-
lichen Küstenstrecke einen Beruf zum Colonisiren. Seine Handels-
flotte kann sich als Zuträgerin des grofsen Continentalverkehrs
und als Vermittlerin zwischen anderen Nationen noch weit aus-

dehnen, seine Kriegsflotte hat den Beruf des Küstenschutzes, aber um eine fernliegende Colonie zu vertheidigen, fehlt ihr der leichte Ein- und Ausgang zum Mutterlande und die Fähigkeit schnelle Hilfe von ihm zu erlangen.

Die Vorschläge der Colonisations-Agitatoren, wie eine systematische deutsche Auswanderung unter Beibehaltung der Nationalität ausgeführt werden soll, bestehen vornehmlich in dem Project eines Aufsichtsrechtes des Deutschen Reiches über die Ausführungen der Stipulationen, welche Auswanderungsgesellschaften mit den südamerikanischen Regierungen vereinbaren und zwar, wie sich Herr Fabri, nach Moldenhauer, ausdrückt: «unter Wahrung der Hoheitsrechte des betreffenden Staates». Wie dies unter Einhaltung dieser letzten Bedingung geschehen kann, ist schwer fafslich. Das gröfste Hoheitsrecht eines Staates besteht in der Ausübung und Oberaufsicht über die Rechts- und Verwaltungsangelegenheiten seines Landes, und wenn er einem fremden Staate ein Einmischungsrecht in solchen Dingen zugesteht, so begiebt er sich seiner Selbstständigkeit. Herr Fabri vergleicht diesen Zustand mit den Vorgängen, welche der Anerkennung der Selbstständigkeit Rumäniens und Serbiens über die gesetzliche Gleichstellung der Juden vorangegangen sind, aber er übersieht dabei erstens, dafs jene Staaten, als die vereinten europäischen Grofsmächte diese Bedingung stellten, noch nicht selbstständig waren und die Anerkennung ihrer Souverainität von der Annahme derselben abhängig gemacht wurde, und zweitens, dafs durch die Uebereinstimmung aller Nachbarstaaten und die Garantie, welche sie für den Bestand der neuen Staaten übernommen haben, die Ausführung derselben zu controliren und im Nothfalle zu erzwingen ist. Beides findet bei den südamerikanischen Staaten nicht statt. Sie alle sind so selbstständig wie irgend eine europäische Grofsmacht, und die Entfernung zwischen ihnen und uns würde die Aufsicht sowohl als die Ausführung fast unmöglich machen.

Hierüber setzen sich die Herren Agitatoren leicht hinweg, und es ertönt der fröhliche Zuruf: «Deutschland solle hieraus entstehende Conflicte nicht scheuen»; ja man entblödet sich nicht, die preufsische Initiative bei der Neu-Constituirung des deutschen Reiches, also eine Frage der innern Politik, als aufmunterndes Beispiel vorzuführen. Jene Herren haben wohl selbst keine

Ahnung von dem chauvinistischen Eifer, der in einer solchen
Zumuthung liegt und von den Folgen, die uns hieraus erwachsen
können. Sicher soll ein Staat Conflicte nicht scheuen, wenn es
sich um den Bestand des Landes, um die Sicherheit und Ehre
seines Volkes handelt, aber ebenso sicher hat eine Regierung
alles zu vermeiden, was Conflicte hervorrufen kann, wenn jene
Fälle nicht vorliegen.

Ganz Europa zittert unter dem Druck gespannter politischer
Verhältnisse; die Kräfte der Nationen werden auf's äufserste in
den beständigen Vorbereitungen ihnen zu begegnen angestrengt;
bei jedem Windhauch fällt die Welt in eine nervöse Erregung;
Fürsten und Staatsmänner müssen wieder und wieder ihre friedliche Gesinnung mit Ostentation hervorheben, um die Angst zu
beschwichtigen; und in diesem unnatürlichen, überreizten Zustande,
der von der Welt (mit Recht oder Unrecht) nur als ein Waffen-
stillstand angesehen wird, verlangt es den Herren nach neuen
Conflicten — und dies Alles, um einer Uebervölkerung zu begegnen, die noch nicht vorhanden ist, und wegen eines proble-
matischen Experimentes unser Wirthschaftsgebiet zu vergröfsern,
das sich von Jahr zu Jahr ganz von selbst vergröfsert, wenn man
die Productionsfähigkeit des Volkes nicht durch übermäfsige Belastung einengt und das Vertrauen in die Stabilität der Verhältnisse nicht durch Conflicte erschüttert.

Bis jetzt hat es Deutschland in der Hand, die Auswanderung
nach jenen Theilen durch Warnung vor derselben und durch
Beaufsichtigung der Auswanderungs-Agenten zu beschränken, aber
unter Verträgen nach jenem Vorschlage wäre Deutschlands Ehre
für die Erfüllung derselben verpfändet. Bis jetzt kann Deutschland durch friedliche Interventionen und seinen moralischen Einflufs manche Härte mildern; mit jener Bedingung übernimmt es
selbst die Garantie und mufs stets bereit sein, die Auswanderer
mit den Waffen in der Hand zu schützen.

Es ist so überflüssig als müfsig, Prophezeiungen über die
Erfolge solcher Collisionen auszusprechen. Eine europäische
Nation, der eine Flotte und eine kriegstüchtige Mannschaft zu
Gebote steht, wird im Anfang gegen eine schwache Regierung
ein leichtes Spiel haben. Es ist selbst nicht unmöglich, dafs sie
sich dauernd behaupten kann, obwohl das Beispiel der Franzosen
in Mexico nicht ermuthigend für solche Abenteuer spricht, und

die Engländer, nach Herrn v. Weber, mehr Truppen gegen die Zulus nach Afrika schickten, als auf das Schlachtfeld von Waterloo. Ich will ferner ganz von den Conflicten mit anderen Grofsstaaten (z. B. den Vereinigten Staaten von Amerika, welche nach der Monroe-Doctrin die Einmischung europäischer Mächte auf dem amerikanischen Continent nicht zulassen) absehen. Würde aber selbst im Falle des besten Gelingens der Gegenstand der Opfer werth sein? Sollten wir, um Colonien zu erwerben (denn dies und nichts anderes ist der wahre Inhalt der Zumuthungen, die uns in verschämter Form gestellt werden) und sie zu vertheidigen, Gesundheit und Leben unserer Truppen, d. h. der productivsten Kräfte unseres Volkes auf's Spiel setzen? Bei unserer Wehrverfassung ist nur ein Vertheidigungskrieg gerechtfertigt. England hat angeworbene Berufssoldaten, die mit ihrem Handgeld freiwillig die Verpflichtung eingehen, sich nach allen Richtungen der Windrose schicken zu lassen, die bald in Canada oder Irland, dann wieder in Indien oder Afrika, Australien oder Jamaika den Dienst verrichten und deren Hauptberuf es ist die Colonien zu schützen. Diese Zustände sind so himmelweit von den unsrigen verschieden, dafs ein Vergleich zwischen ihnen gar nicht zulässig ist. Unser Soldat wird seinem bürgerlichen Berufe entrissen, um das Vaterland vertheidigen zu lernen, und nach Erfüllung seiner Pflicht wiederum in bürgerliche Verhältnisse zurückzukehren. Unser Heer besteht aus der erwerbsfähigen Blüthe des ganzen Volkes, während jenes die zweifelhaftesten Elemente in sich birgt, die mit dem rothen Rock den bürgerlichen Berufsarten für immer entsagen. Tapfer und brav, wie sie sind, gehören sie nicht zum Volke und stehen aufser Berührung mit ihm. Ihre Heimath ist die Kaserne oder das Lager. Solche Truppen gebraucht ein Land, das Colonien besitzt, aber mit der allgemeinen Wehrpflicht ist die Erwerbung von Colonien ausgeschlossen.

Die glühende Begeisterung der Herren Fabri und v. Weber über die Aussichten der Einwanderung in die südamerikanischen Staaten contrastirt sonderbar gegen die Aussagen anderer Beobachter. Die Berichte, die die englische Regierung von ihren Bevollmächtigten hierüber eingefordert hat, lauten sehr entmuthigend. So schreibt Mr. Mc. Donell über die argentinischen Staaten, dafs Schäferei und Rindviehzucht für Leute mit Capital aber nicht für gewöhnliche Emigranten profitabel seien. Der Ackerbau hingegen prosperire trotz der günstigen Bodenbeschaffenheit nicht, weil Dürre und Ueberschwemmung beständig wechseln und Heuschreken die Felder verwüsten. Unter fünf Jahren sei nur ein gutes zu rechnen. Der Gartenbau in Nähe der grofsen Städte, wie er viel von Italienern betrieben wird, sei hingegen erfolgreich. Das Loos des Emigranten, welcher von Unternehmern engagirt wird, ist nach seinen Worten ‹Arbeit, Drangsal und Entbehrung aller Art.› Seine Einkünfte gehen in Vorschüssen, welche ihm der Unternehmer unter wucherischen Bedingungen leistet, auf und es fehlt ihm bald an Mitteln für die nothwendigsten Lebensbedürfnisse. Wenn es ihm möglich ist, so verläfst er die Colonie und büfst die Frucht seiner Arbeit ein; ist er hingegen Familienvater ohne Mittel, so mufs er seine Zeit abarbeiten, um dennoch schliefslich aus seinem Besitz getrieben zu werden, weil er die ihm geleisteten Vorschüsse in der Regel nicht zurückzahlen kann. Ebenso warnt er vor Uraguay, woselbst die trostlosen gesetzlichen Zustände weder Eigenthum noch Leben schützen.

Ein anderer Bericht von Mr. Phipps, Chargé d'Affaires der englischen Regierung zu Rio, über die Brasilianische Einwanderung lautet nicht minder entmuthigend. Das Gesetz behandelt den Emigranten sehr hart und er kann als Verbrecher bestraft werden, wenn er selbst wegen Unfähigkeit zur Arbeit, sich derselben weigert. Das System der parceria, bei welchem nach Abzug der Kosten der Nutzen zwischen Landeigenthümer und Arbeiter getheilt wird, hat zur beiderseitigen Unzufriedenheit Anlafs gegeben, so dafs man es verlassen hat. Sehr ungünstig urtheilt er über das Project eines Mr. Beaton, Sekretair der London-Brasilianischen Bank, welcher 10 000 Familien von England und Deutschland einführen wollte. Er berechnet die Chancen der Einwanderer folgendermafsen: Angenommen, ein Elternpaar mit 3 Kindern unter 18 Jahren käme mit keiner anderen Schuld als £ 25 für die Ueberfahrt dorthin, so würde es (stets unter der Voraussetzung, dafs es zu der richtigen Jahreszeit angelangt ist und alles vorbereitet angetroffen hat, und dafs die Familie ganz ohne Fleisch, Bier, Branntwein, Thee und Tabak bestehen kann und sich nur von eigenem Product ernähret) in den ersten vier Jahren seiner Anwesenheit 1440 Milreis verausgaben, wohingegen die Familie nur 810 Milreis verdienen kann. Nach Ablauf dieser Zeit müfste es nach dem Project entweder das Haus und Land kaufen, oder eine Pacht von ca. £ 10 pro Jahr dafür zahlen; beides ist jedoch unmöglich, Dahingegen sind die Aussichten eines freien Arbeiters, wenn er nach Landesgebrauch in einer Caffee-Plantage arbeitet, um vieles besser; aber es ist eine unausläfsliche Bedingung, dafs er sich dort acclimatisirt und die Gewohnheiten des Volkes und dessen Diät annimmt, die in Mais, Kräutern, Reis, Speck, Mehl und ausnahmsweise in Geflügel, Eiern und Caffee besteht. Herr Phipps kommt zu dem Schlufs, dafs unter der jetzigen Gesetzgebung die Emigration nicht zu ermuthigen sei. Fernere Berichte melden von zwei verunglückten Expeditionen, deren Mitglieder in das tiefste Elend verfallen sind und deren Reste nach allen Himmelsrichtungen zerstreut wurden.

Es ist unmöglich, in alle Projecte, welche von Zeit zu Zeit zu diesem Behufe auftauchen, einzugehen; aber das Gesammtresultat der Erfahrungen, wenn man sie kaltblütig beurtheilt, führt dahin, dafs die südamerikanischen Regierungen zur Cultur ihrer Länder einer Einwanderung bedürfen, zu welcher sich in den meisten Fällen der Süd-Europäer besser als der Nord-Europäer eignet, dafs dieselbe aber durch ungeordnete Zustände, Gesetzlosigkeit und Unehrlichkeit der Regierungsorgane behindert wird.

Die Zukunft und der Bestand der südamerikanischen Staaten wird von der Richtung, nach welcher sich ihre Cultur entwickelt, abhängig sein. Bei der Beurtheilung über diese Verhältnisse läfst man viel zu häufig aufser Augen, dafs diese Staaten noch jung sind und sich erst seit dem Anfange dieses Jahrhunderts frei gemacht haben. Sie haben alle die Erbschaft einer einengenden, corrumpirenden Bevormundung übernehmen müssen. Gewohnheiten und Gebräuche, welche Jahrhunderte lang geherrscht haben, lassen sich nicht rasch abschütteln, und Clima und Bodenbeschaffenheit sowohl als der Volksstamm und die Volksmischungen, die sich dort gebildet haben, sind nicht geeignet, ihren Culturprozefs zu beschleunigen. Wir hingegen sind nicht berufen, für jene Länder die Vorsehung zu spielen. Unsere Culturaufgabe liegt uns näher und wird sich uns mit der Zeit zwingend aufdrängen.

Die Straf-Colonie.

Mit besonderer Vorliebe nimmt sich die Colonisations-Agitation der Gründung von Straf-Colonien an. Ihre Vorkämpfer behaupten, daß die Verbrechen in den letzten Jahren nach einem höheren Procentsatze als früher zugenommen haben und Herr Fabri sowohl als Herr v. Weber berufen sich auf eine hierauf bezügliche Schrift von Dr. Stursberg. Dieser zufolge war die Zahl der im Jahre 1871 eingeleiteten Untersuchungen von 88 233 auf 145 587 im Jahre 1877 gewachsen, mithin in einer die Zunahme der Bevölkerung bei weitem übersteigenden Progression. Die aus diesen Thatsachen hergeleiteten Folgerungen verlieren jedoch viel von ihrem Schrecken, wenn man als Ausgangspunkt der Vergleichung anstatt des Jahres 1871 das Jahr 1868 nimmt. Ein in der Vossischen Zeitung über diesen Gegenstand erschienener Artikel, welcher von sachkundiger Hand herrührt, sagt hierüber Folgendes:

«Mittelstädt geht davon aus, daß seit 1870 in Deutschland das Verbrecherthum «in so unerhörten Verhältnissen emporgewuchert ist, daß der verstockteste Optimismus unsicher zu werden anfängt». Er sieht in der Criminalstatistik der letzten neun Jahre «mit ihren schreienden Zahlen» den «Bankerott des ganzen ausschließlich auf Freiheitsentziehung gebauten Strafensystems». Ich gehe wohl nicht fehl, wenn ich den Ursprung dieser Behauptungen in dem Schriftchen des Pastors Stursberg: «Die Zunahme der Verbrechen und Vergehen und ihre Ursache» suche. Denn wäre dem Reformator die betreffende Criminalstatistik in tendenzloser Weise angeordnet entgegengetreten, so müßte er gehört haben, daß deren Zahlen zwar die altgewohnte laute Sprache führen, aber durchaus nicht mehr «schreien» als sonst. Erst jüngst hat Köhne, dessen im 21. Band von Schwarze's Gerichtssaal erschienen Erhebungen über die Bewegungen der Preußischen Criminalität ich in Nachstehendem folge, nachgewiesen, wie falsch es ist, bei einer Statistik der Verbrechenszunahme das Jahr 1870 zum Ausgangspunkt zu nehmen. Denn während der zu Verbrechen geneigte thatkräftige Theil der Bevölkerung unter den Waffen stand, war die unmittelbare Folge des ruhmreichen Krieges ein Idealismus auch in den niederen Volksschichten, welcher seinen Eindruck auf die Sittlichkeit nicht verfehlte. Trotz der später hervortretenden Rohheit und Gewaltthätigkeit, welche erfahrungsmäfsig jeder längere Krieg im Gefolge hat, trotz des ungemein schädlichen Einflusses, den die gesteigerte Genufssucht und Depravirung der Gründerzeit herbeiführen mufste, haben die Jahre 1868 und 1869 in Preufsen eine ungünstigere Stellung im Verhältnisse der Verbrecher zur Einwohnerzahl, als die nächstschlechten Jahre 1875 und 1877. Wird die Zahl fämmtlicher in den altpreufsischen Provinzen neu eingeleiteten Untersuchungen in den Jahren 1868—1877 gegen einander gehalten, so findet sich in dem Wachsen der Verbrechen und Vergehen mit den beiden Polziffern 136 578 und 145 587 nur eine der Bevölkerungsvermehrung proportionale Zunahme. Ja, der neuerdings so oft wiederholten Klage über die zunehmende Unsittlichkeit gegenüber, läfst sich feststellen, dafs die Zahl der in eben diesen Provinzen eingeleiteten Untersuchungen wegen Verbrechen und Vergehen gegen die Sittlichkeit von 2902 im Jahre 1868, 2945 im Jahre 1869 und 2451 im Jahre 1870 auf 1712 im Jahre 1875, 1969 im Jahre 1876 und 2578 im Jahre 1877 herabsank. Selbst die feststehende Thatsache, dafs die vor den Schwurgerichten von ganz Preufsen verhandelten Verbrechen, namentlich die gegen die Sittlichkeit, eine ziemlich starke Zunahme zeigen, erweist noch nicht, dafs die Verbrecher, ja nicht einmal, dafs die schweren Verbrechen numerisch stärker geworden sind. Es ist vielmehr wahrscheinlich, dafs diese Erscheinung in dem Zusammentreffen ungemein vieler Verbrechen in einer Person ihre theilweise Erklärung findet. So sah Essen im Jahre 1874 vier Angeklagte wegen zusammen 137 Sittlichkeitsverbrechen auf der Anklagebank. Aufserdem aber beseitigte die Strafgesetznovelle von 1875 gerade bei schweren Sittlichkeitsverbrechen das Erfordernifs des Strafantrages seitens des Verletzten. Es dürfte einleuchtend sein, dafs der hierdurch bewirkte Fortfall jener ungemein häufigen Fälle, in welchen die Scham oder ein unwürdiger Schacher den Verletzten von der Anzeige abhielt, die Ziffer jener Verbrechen erheblich steigern mufste. Was die Gesammtzahl der vor die preufsischen Schwurgerichte gelangten Verbrecher anlangt, so kann in den zehn Jahren 1868 bis 1877 durchschnittlich jährlich je ein Angeklagter auf 3873 Einwohner der Gesammtmonarchie. Den bei weitem ungünstigsten Stand nehmen hier wiederum die Jahre 1868 und 1869 ein. Erst das Jahr 1877 geht nicht unerheblich, nämlich mit je einem Angeklagten auf 3285 Einwohner, über den Durchschnitt wieder hinaus. Eine interessante Vergleichung zu obigen Zahlen, aus denen mindestens ein Stillstand, wenn nicht gar Rückgang der Verbrechen überhaupt festzustellen ist, bietet die belgische Gefängnilsstatistik. Dort nahm seit der Eröffnung der *maison centrale* in Loewen die Durchschnittszahl der Gefangenen in den Jahren 1860 bis 1869 um 1035, oder jährlich um 115 Gefangene trotz der constant wachsenden Bevölkerung ab. Auf diese Zahlen gestützt, kann man unbedenklich mit mehr Recht, als Mittelstädt und seine Gesinnungsgenossen, welche die unglaubliche Zunahme der Verbrechen in den letzten neun Jahren behaupten, diese unbewiesene Annahme als mindestens sehr übertrieben ernstlich zurückweisen. Wer solche Klagen in die Welt sendet, muls ihnen auch die Mitgift der trockenen Zahl geben können, will er nicht den schwersten Vorwurf auf sich laden.‹

Aus dieser Darstellungsweise geht die Unhaltbarkeit jener Befürchtungen hervor dennoch aber wird die Schwierigkeit der Unterbringung der Verbrecher sich mit der Vermehrung der Bevölkerung steigern, selbst wenn sich das bisherige procentualische Verhältnils zwischen beiden nicht ändern sollte. Die Gesellschaft vor den Verbrechen zu schützen und die Besserung des bestraften Individuums werden stets die Punkte, auf welche die Straf-Politik ihr Augenmerk zu richten hat, bilden. Die Deportation soll nach den Angaben ihrer Anhänger das trefflichste, wenn nicht gar das alleinige Mittel zur Erfüllung jener Zwecke sein. Neben einiger Wahrheit liegt in diesen Behauptungen viel Uebertreibung und Schönfärberei. Die Geschichte der englisch-australischen Verbrecher-Colonien liefert ein ausgiebiges Material zur Beurtheilung der Schwierigkeiten und Schattenseiten der Deportation. Die ersten Anfänge stiefsen auf grofse Hindernisse, und dennoch wurden sie durch den Umstand, dafs ihnen keine freie Colonisation zur Seite stand, erleichtert.

Die erste Deportation nach New South Wales fand im Jahre 1787 statt und bestand aus 565 männlichen und 192 weiblichen Verbrechern nebst 208 Mann Militair zur Bewachung, sowie 56 Weibern, die der Truppe folgten. Viele der Deportirten desertirten, andre kamen im Kampfe mit den Eingeborenen um. Die Felder wurden schlecht bestellt und Sidney entstand sehr langsam. Die Verbrecher zogen es einem civilisirten Leben vor, sich in den Büschen zu zerstreuen, auf die Kängeruhjagd zu gehn und sich mit den Wilden herumzuschlagen oder mit ihnen zu fraternisiren, und die Militairmannschaften reichten bei weitem nicht zu ihrer Bewachung aus, aufserdem war auch bei diesen eine grofse Demoralisation eingetreten. Frauen wurden von ihren Männern für eine Gallone Rum verkauft, und es kam vor, dafs Offiziere ihrer Mannschaft das ihr von der Regierung überwiesene Ansiedelungsland für ein Fäfschen Schnaps abkauften. Die äufserste Demoralisirung waltete bis zum Jahre 1808. Von dieser Zeit an wurden, durch das energische Auftreten eines neuen Gouverneurs Reformen eingeführt, und die freie Ansiedelung, welche bis dahin nicht aufkommen konnte, machte etwas gröfsere Fortschritte, obwohl sie durch das Uebergewicht der Convictbevölkerung sehr behindert wurde. Im Jahre 1821 zählte die Colonie 30 000 Seelen wovon noch zwei Drittel Convicts und Emancipirte waren (so nannte man die, unter der Bedingung, nicht in's Mutterland zurückzukehren, begnadigten Convicts). Mit der Zeit verminderte sich ihre Zahl zu Gunsten der freien Ansiedler, so dafs im Jahre 1844 unter 114000 Einwohnern nur noch der vierte Theil aus jenem Elemente bestand. Die Zahl der Convicts war also in 23 Jahren von 10 000 nur auf 28 500 gewachsen, was nach Hinzurechnung der in diesem Zeitabschnitt durch Tod und Rückkehr ausgeschiedenen Anzahl auf eine Einschränkung der Deportation schliefsen läfst; sie nahm seit dieser Zeit mehr und mehr bis zu ihrer gänzlichen Aufhebung in den fünfziger Jahren ab.

Die Weigerung der Colonien, den Abschaum des Mutterlandes fernerhin aufzunehmen, und die Zurückweisung zweier Convictsschiffe gab das Signal zum Bruche mit dem System, und es ist bemerkenswerth, dafs die Emancipists die eifrigsten Agitatoren gegen seine Fortsetzung waren. Als alte Praktiker kannten sie die Gefahren der Ueberfluthung von ehemaligen Verbrechern genau und fürchteten durch den Contact mit ihnen, ihren Besitz und ihre Familien zu schädigen. Es ist keine Frage, dafs ein gröfserer Bruchtheil der deportirten Verbrecher für die civilisirte Gesellschaft wieder gewonnen wird als bei der Gefangenschaft

in Zuchthäusern; denn dafs sich mit der verbesserten materiellen
Lage die Verlockung mindert und in der dünngesäeten Bevölkerung einer entstehenden Colonie weniger Gelegenheit dazu,
als in den engen Verhältnissen der Civilisation vorhanden
ist, bedarf keines Beweises. Die Hauptverbrechen in solchen An-
siedelungen bestehen in Vieh- und Pferdediebstahl, und gegen
diese Delicte pflegen die Colonisten eine terroristische Lynch-
Justiz eintreten zu lassen. Das Deportationssystem ist aber nicht
allein mit grofsen Kosten verknüpft, sondern es behindert auch
die Entwickelung der freien Colonisation und die günstigen Resultate, welche es aufzuweisen hat, stehen in keinem Verhältnisse
zu den Opfern, die es dem Mutterlande auferlegt.

Der einzige Theil Australiens (West-Australien), in welchem
noch eine Verbrecher-Colonie existirt, liefert hierfür einen Beleg.
Es befanden sich dort im Jahre 1866 in Gefangenschaft und unter
Beaufsichtigung 1452 Gefangene und 1479 ticket of leave holders.
Von letzteren waren 1347 im Privatdienst und die Anzahl der
Gefangenen, welche seit Beginn der Deportation nach dieser Straf-
colonie verpflanzt war, betrug 8716, wovon 4180 als Emancipirte
unter Vorbehalt freigelassen waren. Ueber die Wirkungen der
Deportation äufsert sich der Gouverneur der Gefangenen-Anstalt
sehr skeptisch. Er sagt z. B.: «Ich habe die Erfahrung gemacht,
dafs das gute Betragen der Gefangenen selten von Reue herzuleiten ist und noch weniger von einem Wunsch oder festen Vor-
satz einer künftigen Besserung». Ferner: «Dem stark entwickelten
Sinn für die Schmach, mit welcher eine Strafverurtheilung die
Person und Familie des Verbrechers trifft, und nicht der Furcht
vor Strafe verdankt die Gesellschaft die Scheu, welche die grofse
Masse des Volkes von der Ausübung von Verbrechen zurück-
schreckt. Dieser Zug in der menschlischen Natur wird hoffentlich in
Zukunft mehr beachtet werden, um den Verbrechen vorzubeugen»
und in Betreff der Disciplin sagt er: «In den letzten Jahren
haben die Desertionen überhand genommen. Der Grund hierfür
liegt in der Geneigtheit der frühern Convicts und ticket of leave-
Leute hierzu behilflich zu sein, denn diese bilden jetzt schon eine
Majorität der erwachsenen männlichen Bevölkerung in der Colonie
und sie wird sich noch vermehren».

Was die Kosten der Verbrecher-Colonie anbetrifft, so liegt
es auf der Hand, dafs sich dieselben höher als bei einer Bestrafung

im Mutterlande stellen, da sie durch den Transport und die Beaufsichtigung 'sowohl als überhaupt durch die gröfsere Kostspieligkeit
vieler nothwendigen Bedürfnisse in der Colonie vertheuert werden,
schon um deshalb weil die Colonien hinsichtlich der meisten
Fabrikate auf die Einfuhr angewiesen sind. In den preufsischen
Gefangenen-Anstalten betrug der Unterhalt der Gefangenen pro
Kopf im Jahre 1877/78 325 *M* 86 Pf., wohingegen für den Unterhalt von 1452 Gefangenen und die Beaufsichtigung von 1479 tickes
of leave men in dem Convict-Etablissement von West-Australien
im Jahre 1865 die Summe von £ 109 868. 10 sh. 4 d. verausgabt
worden ist. Die Kosten für das beaufsichtigende Militair stellten
sich allein auf £ 31 819. 1. 2., also auf ca. 215 *M* pro Gefangenen.
Wenn man die ganze verausgabte Summe auf den Kopf der ticket
of leave holders und Gefangenen reducirt, so kostet jeder Einzelne 740 *M* jährlich, d. h. mehr als das Doppelte eines preufsischen
Gefangenen; thatsächlich aber ist das Verhältnifs, in Folge der
grofsen Anzahl von ticket of leave-Leuten, die sich selbst ernähren,
um Vieles höher. Das Urlaubs-System hängt jedoch wiederum
mit der geringen Zahl der freien Colonisten zusammen, da in
einer freien Colonie mit ihm ebenso spärlich als im Mutterlande
umgegangen werden mufs.

Die Anzahl der englischen Deportirten ist, wie wir sehen, sehr
gering und die Deportation wird mehr und mehr eingeschränkt,
aber nicht weil, wie Herr Fabri meint, «jedenfalls günstige Verhältnisse in der englischen Verbrecherstatistik zu Grunde liegen», eine
Annahme, die trotz Colonien und Deportation irrig ist, sondern weil
sich die Colonien gegen die Aufnahme der englischen Verbrecher
sträuben und die Kosten zu hoch sind. Als vor mehreren Jahren
die englische Regierung mit der Absicht umging, die Deportation
wieder lebhafter aufzunehmen, erhob sich in allen Colonien ein
Petitions- und Proteststurm dagegen, und sie wurde mit Einstimmig-
keit als verderbenbringend bekämpft.

Herr Fabri sowohl als Herr v. Weber äufsern sich mit einer
Art von Enthusiasmus über die russischen Deportations- Verhältnisse in Sibirien. Es sollen nach Ersterem jährlich 15 000 Menschen
dorthin gesandt werden, deren Loos, abgesehen von den zur Berg-
werks-Arbeit Verurtheilten, nach kurzer Zeit ein günstiges sei und
die sich rasch in Colonisten verwandeln; er rühmt es ferner, dafs
in wenigen Gegenden die Sicherheit gröfser als in den Straf-

distrikten Sibiriens ist. Nach Herrn v. Weber befinden sich daselbst 300 000 Exilirte, worunter jedoch nur 80 000 wegen Verbrechen gerichtlich Verurtheilte sind. Im Jahre 1875 betrug die Anzahl der «Verschickten» 18 620, worunter nur 5000 gerichtlich Verurtheilte schwere Verbrecher waren, gegen 9000 auf «administrativem Wege» expedirte politische Verbrecher, der Rest bestand in Frauen und Kindern, die den Verurtheilten freiwillig folgten. Er sagt: «Die wegen blos politischer Vergehen «Verschickten», unter denen sich namentlich viel Polen befinden, sind Tags über mit allerhand freien Arbeiten beschäftigt, die sich selbst jeder wählen kann, und womit er sich Geld erwirbt, während diejenigen von ihnen, die in gröfsern Städten internirt sind (natürlich nur dann, wenn ihr Bildungsgrad sie dazu berechtigt), in den geselligen Kreisen der höheren russischen Beamtenwelt gern gesehene Gäste sind, so dafs man in Sibirien bei einem General-Gouverneur mit einer ganzen Anzahl von Verbannten in Frack und weifser Cravatte zusammentreffen kann. Nun, dafs eine solche Behandlung politischer Gefangenen eine humanere und mehr eine Versöhnung der politischen Gegensätze anbahnende ist, als das bei uns kostspielige und die Seele der Gefangenen verbitternde Halten derselben in Gefängnissen, das wird wohl Niemand bestreiten wollen». So Herr v. Weber! Die russischen Zustände der letzten Jahre beweisen zweifellos die Richtigkeit der von ihm vertretenen Behauptungen, und angesichts der Entwickelung der dortigen inneren politischen Verhältnisse müfste man blind sein, wenn man die Fortschritte, welche die «Versöhnung der politischen Gegensätze» in Rufsland gemacht hat, nicht auf das Bereitwilligste anerkennen wollte.

Es ist nicht meine Aufgabe, die Qualität der von den General-Gouverneuren im Frack und weifser Cravatte zur Tafel befohlenen Exilirten zu prüfen. Anderen Quellen zufolge sollen die politischen Verbrecher in Sibirien sehr hart behandelt werden, während falsche Spieler, Wechselfälscher und betrügerische Bankerotteure in den Städten in Saus und Braus leben und allerdings in den ersten Gesellschaften angetroffen werden. Glücklicherweise unterscheidet sich das Rechtsbewufstsein des deutschen Volkes von der Auffassung, welche hierüber in der russischen Gesellschaft gäng und gäbe zu sein scheint, und wir ziehen zwischen den politischen und den gemeinen Verbrechern eine mo-

ralische Scheidewand, welche eine Mischung der beiden Elemente
selbst bei ihrer Bestrafung nicht zuläfst. Sicher aber wirkt das
Halten in Gefängnissen auf den politischen Gefangenen weniger
verbitternd als die Kameradschaft mit gemeinen Verbrechern, selbst
wenn sie im Frack und in weifser Halsbinde erscheinen.

Auch Herr Fabri meint im Hinblick auf die Verbreitung des
Socialismus in Deutschland, dafs die Gründung von Straf-Colonien
unerläfslich sei und sagt: «Denken wir uns nun, dafs im günstig
erscheinenden Augenblicke mit den Mitteln der Gewalt auch bei
uns Umsturz-Versuche erfolgten, wie die Commune solche im
Frühjahr 1871 unternommen hat, dafs nach vielleicht blutigem
Ringen Tausende und Zehntausende auch bei uns plötzlich vor
Gericht zu stellen wären, würde eine solche traurige Eventualität
die Reichsregierung nicht in eine unlösbare Verlegenheit stürzen?
Wohin mit den Tausenden von Verurtheilten angesichts unserer
ohnedies ganz unzureichenden und überfüllten Gefängnisse? Es bliebe
schlechterdings kein anderer Weg als der, den Frankreich mit
seinen Deportationen nach Neu-Caledonien eingeschlagen hat.
Man könnte dann in wohlwollender Liberalität eine geeignete Insel,
etwa Utopia genannt, den Communards zur Selbstverwaltung
überlassen, um ihr Weltbeglückungs-Programm doch irgendwo
einmal zum Experimente zu bringen, zur Probe zu nöthigen.
Aber um solchen Weg beschreiten zu können, müfste eben Deutschland irgend welche coloniale Besitzungen in geeigneter Lage
bereits erworben haben. Hat doch England, das allzeit praktische,
auf die Umsturz-Versuche des irischen Fenierthums sofort mit
Deportation geantwortet und auf diesem Wege die Unterdrückung
der Bewegung rasch erreicht».

Herr Fabri bedient sich des scharfen Mittels der Einschüchte-
rung, um uns für die Colonisation zu gewinnen; aber bei aller Furcht,
die ich mit ihm vor dem Socialismus theile, kann ich ihm dahin
dennoch nicht folgen, weil unsere Befürchtungen von verschiedenen
Grundlagen ausgehen. So wenig ich die Agitationsmittel der
Socialisten billige, so liegt die Gefahr für uns nicht sowohl in den
Aufständen und Unruhen, welche sie verursachen können, (gegen
diese wird sich die Gesellschaft zu wehren wissen), als in der ver-
derblichen Doctrin, die dem Volke von ihnen beigebracht wird.
Der Socialismus ist die ausgebildetste Despotie, welche das
menschliche Hirn erdenken kann, und wenn er überhaupt aus-

fuhrbar wäre, so würde er jede Thatkraft zur Lethargie und die
Kultur zum Untergange verdammen. Die Verbreitung seiner
Lehre bringt das Volk von der eignen Initiative ab und verweist
es auf den allein seligmachenden Staat; es ist gewiß bezeichnend,
daß die politisch freien Länder am wenigsten von ihm ange-
fressen sind. Er steht vielmehr in engster Verbindung mit der
strammen polizeilichen Centralisation, mit welcher er nah ver-
wandt ist; denn der socialistische Staat ist nichts anderes, als der
Polizeistaat par excellence. Weder in England, Belgien, Holland oder
der Schweiz kommt er hingegen zu einer gefährlichen Geltung. Der
Socialismus wird sich zwar in einer oder der andern Form überall
zeigen, wo Veränderungen in den socialen Verhältnissen eintreten;
aber er wird überwunden, wenn die gesetzlichen Hindernisse, die
im Widerspruch zu den neuen Zuständen stehen, rechtzeitig be-
seitigt werden, und wenn das Volk durch politische Freiheit zur
Selbstbestimmung erzogen worden ist. Der Uebergang von der
Klein- zur Grofsindustrie ist eine solche Phase. Da er in England früher als bei uns erfolgt ist, so hat sich der Socialismus
dort auch früher als bei uns in der Form des Chartismus geäufsert.
Die Hinwegräumung der Korngesetze und der Verbote gegen
die Arbeiter-Coalitionen sowie die Erweiterung des Wahlrechtes
haben ihm dort seinen gefährlichen Character genommen und die
Agitation in andre und praktischere Bahnen geleitet. Die Trade-
Unions mögen den Fabrikanten oft beschwerlich fallen und häufig
genug zur unrechten Zeit einen beide Theile schädigenden Einfluſs
auf die arbeitenden Klassen ausüben, aber ihre Thätigkeit ist himmelweit von den centralistischen Düfteleien unsrer Socialdemokratie
verschieden, welche, im Polizeistaat grofsgezogen, das Heil des
Arbeiters in dem Aufgeben der indivuduellen Initiative zu Gunsten
eines Communismus, der die Staatsgewalt bis in die äufserste
Peripherie der gesellschaftlichen Thätigkeit leiten soll, erblicken.
Wer sich beklagt, dafs die Aufhebung der Zwangsinnungen, des
Zunftwesens, des Coalitionsverbotes und die Herstellung der Freizügigkeit bei uns zu plötzlich gekommen sind, und dafs die Arbeiter
einen falschen Gebrauch von ihren Rechten machen, der möge sich
auch erinnern, dafs unsere früheren politischen Verhältnisse diese
Institutionen viel zu lange conservirt hatten, und dafs der jähe
Wechsel den Arbeiter deshalb unvorbereitet getroffen hat. Dennoch würde sich jede Reaction auf diesem Gebiete den realen Ver-

hältnissen gegenuber als machtlos zeigen und den Socialismus nur
fördern, dessen Entwickelung bei uns im innigen Zusammenhange
mit dem Bevormundungssystem, welches nur zu lange unsere Zustände beherrscht hatte, steht. Die Aussicht auf Verbrecher-Colonien
wird ihn nicht zerstören, und wenn Herr Fabri spottend auf die
Verbannungsinsel hinweist, woselbst die Socialisten ihre Utopien
probiren können, so räumt er ihnen ein Recht ein, welches
der Staat ihnen nicht gewähren kann, ohne sich seines sittlichen
Characters zu begeben. Solche Versuche sind zu verschiedenen
Malen von Enthusiasten gemacht, aber auch stets mißlungen.
So die unter den Auspicien Considerant's in Texas und Cabets
in Illinois, ebenso wie die unter Anführung der Gebrüder Schom-
burgk in Süd-Australien gebildete deutsche Gesellschaft. (Siehe
E. Lehmann: Die deutsche Auswanderung.) Wenn es Herrn Fabri
mit jener Wendung Ernst gewesen ist, so befindet er sich in einem
bedauernswerthen Irrthum; zum Scherz hingegen eignet sich der
Gegenstand weder seinem Inhalte noch der Zeit nach, in welcher
wir leben.

Eine Emeute von dem Charakter der pariser Commune, darf
man dreist behaupten, ist bei uns nicht möglich und war es auch
in Frankreich nur in Folge einer zweiundzwanzigjährigen Cor-
ruption, vermittelst welcher der bonapartistische Despotismus alle
Gesellschaftsklassen vergiftet hatte; und dennoch bedurfte es
eines Zusammentreffens der unglücklichsten Umstände, um den
Fanatismus bis zu dem Grade zu steigern, in welchem er seine
vandalische Apotheose beging.

Der so leicht entzündliche Charakter der Pariser Bevölkerung
war durch die dauernden Aufregungen des Krieges und die Ent-
behrungen der Belagerung nicht minder als durch die Selbst-
verherrlichung, mit welcher die Presse den Widerstand gegen die
Prussiens feierte, wie die kindischen Mittel, die sie zu ihrer Vertilgung
täglich vorschlug, und worin mit Gift, Höllenmaschinen, wilden
Thieren und Petroleum leichtfertig gespielt wurde, zu einer sich
dem Wahnsinn nähernden Wuth angefacht worden. Die Un-
beugsamkeit der Versailler Regierung (die unter den Umständen
nothwendig war) steigerte dieselbe zu einer Höhe, gegen welche
sich der Einfluß der Führer als machtlos erwies, und sie endete in
einem ebenso blutigen als ekeln theatralischen Knalleffect, der die
Nerven der civilisirten Welt auf's Heftigste erschüttert hat.

Haben sich aber die politischen Deportationen, welche in
Frankreich so häufig wiederholt sind, gegen die Revolutionen je
wirksam gezeigt? Haben die Massen-Deportationen unter den
Napoleons, die Kirchhöfe von Cayenne und Nukahiva, hat
der weifse Terrorismus des zweiten Kaiserreichs den rothen
der Anarchie zu bannen vermocht? Weder in Frankreich noch
in Rufsland ist eine Spur seiner reformatorischen Wirkung zu
entdecken. Die jetzige französische Regierung hat die meisten
Communards begnadigt, und versucht es nunmehr, dem Unheil
durch die Entwicklung freiheitlicher Institutionen zu begegnen,
nachdem sich die verschlissenen Werkzeuge des Despotismus als
unwirksam erwiesen haben.

Auf die Möglichkeit künftiger Revolutionen und auf ein Citat
der Provinzial Correspondenz hin, welche eine allgemeine europäische Verschwörung entdeckt haben will, sollen wir uns im
Voraus mit überseeischen Gefängnissen versehen, um die Zehntausende politischer Gefangenen unterzubringen, welche die erhitze
Fantasie unserer Colonisations-Medien als zweites Gesicht erblickt;
oder sollen wir gar die «des Verdachts Verdächtigen» als Eclaireurs
vorausschicken? Die russischen Behörden thun dies, wie wir
gesehen haben, aber da Herr Fabri selbst annimmt, dafs es mit der
russischen Rechtspflege oft bedenklich bestellt sein mag, so wird
er diese Zumuthung schwerlich an uns stellen.

Wenn uns Herr Fabri in seiner Broschüre die Segnungen der
Mission unter den Wilden rühmt, ein Thema, welches ich ab-
sichtlich nicht berühre, so liegt uns eine andere innere Mission
viel näher; jeder Schritt, den wir zur Aufklärung des Volkes, zum
Ausbau der Freiheit und zur Versöhnung der socialen Gegensätze
thun wird unsern Staat und unsere Gesellschaft mehr kräftigen,
als das Schreckmittel der Strafcolonien.

Die Handels-Colonie und Samoa.

Wie wenig die Handels-Colonien, d. h. die in tropischen
Breiten liegenden Länder zur Aufnahme grofser Massen europäischer Bevölkerung geeignet sind, zeigt ihre geringe Ent-

wickelung nach dieser Richtung. Das erschlaffende Klima lähmt die Thatkraft und körperliche Energie der weifsen Bevölkerung, die sich im wesentlichen dem Handel oder beim Handwerke, der Leitung der Arbeiten zuwendet, während die körperliche Arbeit von den Farbigen besorgt wird. In britisch Indien, wenn dies eroberte Land mit seiner alt-cultivirten Bevölkerung überhaupt eine Colonie genannt werden darf, ist die englische Bevölkerung nach zweihundertjährigem Besitz dennoch nur 75 000 Individuen stark. Dieser nebst 6000 Europäern anderer Nationalität steht eine nichteuropäische Bevölkerung von 190 Millionen oder 240 Millionen, wenn man die Tributärstaaten hinzurechnet, gegenüber. In andern tropischen Ländern besteht ein ähnliches Verhältnifs. Es hat sich in vielen derselben eine widerstandsfähige Mischlingsrace herangebildet, während der Europäer es vorzieht, nach erlangtem Reichthum nach Hause zurückzukehren, um neuen Ankömmlingen das Feld zu räumen.

Der Besitz von solchen Colonien ist für den Heimathshandel zweifelsohne eine Reichthumsquelle, die sich seit der Aufhebung oder Beschränkung der Monopolien nicht vermindert hat. In den Anfängen der Colonisation war der Handel meist monopolisirt. Diese einseitige Ausbeutung hat jedoch nach und nach einer freieren Richtung Platz gemacht, bis sie in England in der vollsten Freigebung des Handels und der Niederlassung endete. Dies war das Product vieler erbitterter Kämpfe, bei welchen die Furcht, der Regierung durch die Centralisirung der Colonialmacht eine zu grofse Macht zu übertragen, der ostindischen Gesellschaft mehr Anhänger in England erwarb, als ihr tyrannisches System, das die Völker zu Gunsten weniger Nabobs aussog und hierdurch den allgemeinen Handel schädigte, verdiente.

Die Wichtigkeit der Handels-Colonie ist von dem Werthe ihrer Handelsbewegung bestimmt. Die Einfuhr aus derselben überwiegt in der Regel die Ausfuhr dorthin, da Letztere von dem Civilisationsgrade der Ureinwohner sowohl als von climatischen Verhältnissen etc. sehr abhängig ist. Hierdurch unterscheidet sie sich wesentlich von der Ackerbau-Colonie, die durch die grofse Anzahl ihrer cultivirten Bevölkerung eine bei weitem gröfsere Consumfähigkeit besitzt.

So war z. B. der wirkliche Werth der Einfuhr von Ostindien

nach Grofsbritannien und der Gesammtausfuhr britischer Producte
nach Ostindien wie folgt:
Einfuhr von Ostindien nach Grofsbritannien in Millionen
in den Jahren   1877.   1878.
£ 31,₂₁₃   27,₄₇₀
Ausfuhr britischer Producte nach Ostindien
£ 25,₃₃₈   23,₂₇₇.

Wie wir sehen, ist die Ausfuhr dorthin trotz der enormen
Bevölkerung des Reiches nur verhältnifsmäfsig gering zu nennen.
Nehmen wir als Durchschnitt der Ausfuhr £ 24 Millionen an,
so kommt auf den Kopf (die Bevölkerung zu 190 Millionen gerechnet) ca. Mark 2,₅, während die australischen Colonien mit ca.
2½ Millionen Einwohnern für £ 19½ Millionen Waaren aus
England erhalten haben, also dort jeder Kopf ca. 160 Mark con-
sumirt.

Nicht günstiger stellen sich die Verhältnisse bei den anderen
britischen Handels-Colonien.

Es waren im Jahre 1878 in Millionen £

die Einfuhr von	die Ausfuhr	nach den Westindischen
6,₃₃₃	2,₇₆₀	Colonien,
2,₉₁₁	0,₈₀₃	› Ceylon,
0,₈₈₇	0,₄₀₉	» Mauritius,
0,₄₈₆	0,₁₃₉	» anderen Besitzungen,

und nur bei Britisch-Westafrika mit den Inseln übersteigt die
Ausfuhr nach dort die Einfuhr.

Der Ausspruch des Herrn Fabri, «dafs die jährliche Handelsbilanz zwischen Colonie und Mutterland der exacte Werthmesser
jener und damit ihrer culturellen Bedeutung überhaupt sei»,
würde sich Angesichts dieser Verhältnisse nicht zu Gunsten der
Handels-Colonien wenden. Ich bin jedoch weit entfernt davon,
der Handelsbilanz diese Bedeutung zuzugestehen; sie beruht auf
einer falschen mercantilistischen Anschauung, nach welcher Ausfuhr
mit Tugend und Einfuhr mit Laster gleichbedeutend ist. Die
Einfuhr belebt Handel und Industrie ebensowohl wie die Ausfuhr,
und wenn die Consumfähigkeit eines Volkes sich derartig gesteigert hat, dafs es mehr Waaren einführen als ausführen kann,
so ist dies kein Armuthszeugnifs für dasselbe.

Das Verhältnifs zwischen Einfuhr und Ausfuhr ist überhaupt
kein Werthmesser für die Prosperität einer Nation, und die statis-

tischen Notizen, welche sich hierauf beziehen, geben kein Bild des Gesammtverkehrs mit dem Auslande. So lange als der Werth aller Guthaben, welche das Inland vom Auslande zu fordern hat, unbekannt bleibt, sind jene Factoren zu ungenügend, um irgend welche haltbaren Schlüsse aus ihnen herzuleiten. Wo ist z. B. die Controle für die Capitalien, die im Auslande in Werth- und Staatspapieren aller Art angelegt sind? Wie hinfällig aber jene Theorie der Handelsbilanz ist, geht schon aus einem uns sehr nahe liegenden Factum zur Evidenz hervor. Es betrug nämlich der Verkehr deutscher Schiffe mit Ladung zwischen aufser-deutschen Häfen in den letzten 6 Jahren im Durchschnitt per Jahr 3,3 Millionen registrirter Tons. Der Netto-Erlös aus den Frachten und ein grofser Theil der gezahlten Löhne kommt aber deutschen Staatsbürgern zu Gute, ohne dafs dieser beträchtliche Posten in unserer Handelsbilanz figurirte, oder sich genau taxiren liefse.

Ein nicht zu unterschätzender Vortheil des Colonial-Besitzes besteht darin, dafs er Gelegenheit bietet, überflüssige Capitalien dauernd anzulegen; wo sich solche angehäuft haben, können sie dahin einen lohnenden Abflufs finden. Eine capitalarme Bevölkerung wird hingegen hiervon nur geringen Gebrauch machen können, weil solche Anlagen immerhin zu den riskanten, schwer zu reali-sirenden Unternehmungen gehören. Für den Mutterstaat ist, (wenn man die indirecte Einwirkung auf die Steuerfähigkeit seiner Bürger abrechnet), die Colonie hingegen meist keine Einnahmequelle; in vielen Fällen wird sogar sein Budget durch ihre Verwaltung sowohl als ihre Vertheidigung schwer belastet. Trotzdem British-Indien seine getrennte Finanz- und Zollwirthschaft besitzt, hat England sein Budget dennoch häufig genug für die Vertheidigung des-selben beschweren müssen. Die holländische Regierung hat aller-dings von Java während vieler Jahre bedeutende Erträge bezogen, aber nur durch die Ausbeutung der Eingeborenen, da das hollän-dische Cultursystem in Java die Bevölkerung gegen einen verhält-nifsmäfsig geringen Lohn zur Arbeit zwingt. Jetzt hingegen gehen die Ueberschüsse aus den Colonien in den Ausgaben für die Kriegsführung in Atschin auf.

Seit der Feststellung der englischen Handelsverträge ist den Bürgern der Vertragsstaaten der coloniale Handel freigegeben worden, und es ist wichtig, dafs man diese Thatsache, welche von den Schutzzöllnern gern verschwiegen oder gar geläugnet wird, besonders hervorhebt.

Der Artikel 7 des deutsch-englischen Handelsvertrages lautet wörtlich wie folgt:

»Die in vorstehenden Artikeln 1—6 getroffenen Bestimmungen finden auch auf die Colonien und auswärtigen Besitzungen Ihrer Britischen Majestät Anwendung. In diesen Colonien und Besitzungen sollen die Erzeugnisse der Staaten des Zollvereins keinen höheren oder anderen Eingangs-Abgaben unterliegen, als die gleichartigen Erzeugnisse der vereinigten Königreiche, und es soll die Ausfuhr aus diesen Colonien und Besitzungen nach dem Zollverein keinen oder anderen Abgaben unterworfen werden, als die Ausfuhr nach den vereinigten Königreichen von Grofsbritannien und Irland.»

Von welchem Werthe die Handelsverträge für die Entwickelung des Handels im Allgemeinen gewesen sind, läfst sich leicht nachweisen. Es betrug z. B. die Hamburger Einfuhr von aufsereuropäischen Häfen jährlich im Durchschnitt der Jahre in Mill. Mark:

1851/60	1861/70	1871/78	1876	1877	1878
83,3	105,9	241,8	271,5	270,1	268,1

und von europäischen aufserdeutschen Häfen

241,3	396,4	630,1	571,6	572,5	554,5

Nach diesem Resultate läfst sich ein Zweifel darüber, dafs sie belebend gewirkt haben, nicht erheben, und ¦wenn sich selbst der directe Verkehr zwischen Deutschland und einzelnen Colonien nicht vermehrt hat, so wird dies durch eine gröfsere Belebung nach anderen Seiten hin reichlich ausgeglichen.

So bedeutend er auch ist, wird dennoch der Verkehr zwischen den englischen Colonien und dem Mutterlande in seinem Verhältnisse zu den anderen Verkehrsländern oftmals überschätzt, und wenn Herr Fabri die Angabe Moldenhauers: »dafs die heutige Handelsbewegung Englands mit brittisch Ostindien gröfser als der gesammte Seehandel, als die Arbeit der ganzen Handelsmarine Deutschlands sei«, citirt, so mufs dieselbe als ein Irrthum bezeichnet werden. Wie schon früher angeführt, betrug die Handelsbewegung zwischen brittisch Ostindien und England im Jahre 1877 £ 56,5 Millionen und, wenn man die Ausfuhr von frem-

den Producten und Fabrikaten hinzurechnet, £ 57,₁ Mill. oder
1156 Mill. Mark, während sich die Handelsbewegung zur See von
Bremen und Hamburg auf 1984,₄ Mill. Mark gestellt hat. Der Verkehr dieser beiden Häfen allein übersteigt jenen mithin schon um
ein erkleckliches und die Bewegung aller übrigen deutschen Nord-
und Ostseehäfen kann dabei ganz aufser Acht gelassen werden.
Englands Handel mit folgenden Staaten im Jahre 1877 zeigt,
dafs der Colonialhandel nicht der gröfste Factor in seiner Handelsbewegung ist:

Handelsbewegung zwischen England und Deutschland £ 55,₂ Mill.
>   »   »   Frankreich » 71,₅ »
»   »   »   d. Ver. Staaten » 97,₇ »

Deutschlands Handel mit England erreicht also ungefähr die
Ziffer des englischen Handelsverkehrs mit Ostindien, während sie
von der der andern angeführten Staaten überstiegen wird. Der
Gesammthandel Englands mit allen Ländern betrug £ 647 Mill.,
wovon £ 165, also nur ca. ein Viertel, auf die englischen Colonien fiel.

Herr Fabri sagt: «Vor drei Jahrzehnten hatte Deutschland
noch Rhederei mit dem Kaplande; seit etwa zwanzig Jahren ist
dieselbe, hie und da ein Auswanderungsschiff von Hamburg aus-
genommen, völlig erloschen.» Es steht mir die specielle Statistik
mit dem Kaplande zwar nicht zu Gebote, doch stellt die deutsche
Seeschifffahrt nach Afrika am atlantischen Meere incl. Kapland
und Natal unserer Reichsstatistik zufolge zwischen 1873 und 1878
folgende Daten über die Ankunft und Abfahrt mit Ladung in
und von deutschen Häfen:

	1873	1874	1875	1876	1877	1878
mit Ladung) Schiffe	47	53	83	86	81	74
angekommen/ reg. Tons	11849	12527	18358	19477	22664	19303
mit Ladung) Schiffe	55	58	88	85	111	117
abgegangen / reg. Tons	13223	13344	20634	21214	29229	32868

Es zeigt sich im Laufe der sechs Jahre eine bedeutende Vermehrung der Ein- und Ausfuhr, und es lässt sich wohl annehmen,
dafs das Kapland ebenfalls seinen Theil davon erhalten hat. Aber
schon aus den früher erwähnten Gründen mufs England dort
den Löwenantheil erhalten und würde dies, auch selbst wenn das
Kapland keine englische Colonie wäre. Denn seine geographische
Lage macht es zum Weltstapelplatz, und wie sehr der oceanische

Verkehr von dieser abhängig ist, zeigt der Vergleich zwischen den transoceanischen Schifffahrtsverhältnissen unserer Nord- und Ostseehafenplätze. In Folge der Handelsverträge haben wir alle Rechte, welche zum Handels- und Gewerbetrieb in fremden Colonien erforderlich sind, erlangt und sind in dieser Beziehung den einheimischen Bürgern gleich gestellt worden. Die deutsche Handelswelt macht einen ausgiebigen Gebrauch davon, wie die Hebung des einheimischen Handels mit den Colonien beweist. Der Deutsche acclimatisirt sich überall und nimmt in der ganzen Handelswelt eine nicht allein geachtete sondern auch hervorragende Stellung ein. Wenn man die Einzelgeschichte der grofsen deutschen Handelshäuser verfolgt, so zeigen sich stets kleine, meist auf localen Verhältnissen beschränkte Anfänge, die sich nach und nach erweitern. Gewöhnlich wird ihr Handel dann über England, oft aber auch direct in die Colonien verpflanzt, und man kann behaupten, dafs gerade die Interessenlosigkeit der deutschen Staatsverhältnisse den überseeischen Ländern gegenüber der Prosperität des Handels förderlich gewesen ist. Der deutsche Kaufmann ist nicht, wie man uns gern glauben machen möchte, der Paria unter den Fremden, ebenso wenig wie der deutsche Auswanderer. Die Stellung der Deutschen in den Colonien ist eine ehrenvolle und die Bezeichnung «Völkerdünger» ist eine jener sinnlosen Phrasen, die, auf Effect berechnet, nur der Unwissenheit imponiren können.

Alle Anhänger der Colonisation geben es zu, dafs eine Monopolisirung heutzutage unmöglich ist und dafs die staatlichen Monopole sowohl als die politische Handelsgesellschaft einer vergangenen Zeit angehören. Holland übt erstere zwar noch im beschränkten Maafsstabe in seinen ostindischen Besitzungen aus, aber nicht zum Vortheil seines Gesammthandels und es wäre überflüssig, dies Thema überhaupt zu berühren, wenn nicht die neue Wendung in den Verhältnissen der «deutschen Seehandels-Gesellschaft», welche Handel und Rhederei nach den Südseeinseln treibt und auf Samoa einen ausgedehnten Plantagenbesitz erworben hat, dies insofern herausforderte, als sich im Publikum der Gedanke verbreitet hat, dafs diese Inselgruppe für Deutschland ein zweites Ostindien bilden könnte und Viele im Geiste schon einer Ueberfluthung von Nabobs entgegensehen. Die Verhältnisse liegen jedoch ganz anders und von einer monopolisirenden Handelsgesellschaft kann und wird bei Samoa nicht die Rede sein. Bei dem speciellen Interesse, welches die Frage in principieller Bedeutung für unsere Handelspolitik besitzt, ist es daher wichtig, näher auf dieselbe einzugehen.

Jene Gesellschaft hat sich nach der Zahlungseinstellung des Hamburger Handelshauses Godeffroy neu constituirt und zwar unter der Aussicht, dafs das Reich den Actionairen eine Zinsgarantie gewähren wird. Diese ist in dem Prospect in etwas dunkler Fassung mit $4^{1}/_{2}$ pCt. angegeben, thatsächlich jedoch beträgt sie weniger. Nach den Motiven, der dem Reichstage soeben zugegangenen Vortrage, soll das Reich dem Unternehmen auf zwanzig Jahre einen jährlichen Ertrag von $4^{1}/_{2}$ pCt. des Grundcapitals in der Art verbürgen, dafs der reichsseitig zu leistende Zuschufs 3 pCt. der auf das Grundcapital geleisteten Einzahlungen jährlich nicht überschreiten darf. Das Grundcapital ist auf 8 Millionen $\mathcal{M}$ festgestellt, welche auf Beschlufs des Verwaltungsrathes auf 10 Millionen $\mathcal{M}$ erhöht werden können. Eine $4^{1}/_{2}$ procentige Zinszahlung kann daher nur eintreten, wenn ein Netto Nutzertrag von mindestens $1^{1}/_{2}$ pCt. des Grund-Capitals übrig bleibt. Das Object, für welches sich das Reich engagirt, ist an und für sich zwar gering; die Tragweite dieses Actes liegt aber in den Consequenzen, welche derselbe nach sich ziehen wird. Nicht die Höhe des Gegenstandes, wohl aber seine principielle Bedeutung ist wichtig. Da er die Presse vielfach beschäftigt hat, so genügt an dieser Stelle eine flüchtige Darlegung der Thatsachen.

Der Handel mit den Südseeinseln ist vorzugsweise in deutschen Händen und ist an und für sich in Folge des niedrigen Culturzustandes der Ureinwohner bis jetzt nur unbedeutend im Vergleich zu den deutschen Interessen in anderen überseeischen Ländern. Er ist jedoch ausdehnungsfähig, weil manche der Inseln durch günstige klimatische und Bodenverhältnisse wie ihre Meere durch Fischreichthum eine Aussicht auf eine reiche Ausbeute für die Zukunft bieten, wenn die geeigneten Culturmittel angewendet werden, vorausgesetzt, dafs sich das zu solchen Zwecken unerläfsliche Capital findet.

Die Ausfuhr von den verschiedenen Gruppen der Südseeinseln nach Europa für Rechnung der auf denselben etablirten deutschen Geschäftshäuser betrug zusammen:

Im Jahre 1876 5 209 000 ℳ in 23 Schiffen verladen,
»   » 1877 6 103 000 » » 26 »   »
»   » 1878 7 021 000 » » 29 »   »

wovon der Hauptstapelartikel aus Copra besteht. Aufserdem
wurde Baumwolle für 0,650 Mill. bis 1,100 Mill. ℳ, ferner Perl-
schalen, Schildpatt etc. von dort exportirt.

Der Centralpunkt der Handelsbewegung liegt auf den Samoa-
und Tongainseln, mit welchen das Deutsche Reich einen Handels-
vertrag auf Grund der Meistbegünstigungs-Clausel abgeschlossen
hat, ähnlich wie Grofsbritannien und die Vereinigten Staaten von
Nordamerika. Die Handels- und Schifffahrtsbewegung auf diesen
Gruppen stellte sich folgendermafsen:

Jahr:	Einfuhr: (Gesammtwerth in Mark)	Davon deutsch:
1868	744 000	unbekannt.
1869	719 840	·
1870	856 000	»
1873	1 268 000	·
1874	1 086 000	946 000
1875	1 620 800	1 380 800
1876	1 606 000	1 290 000
1877	1 587 420	1 247 420
1878	1 595 600	1 395 600

Wie wir sehen, ist in den letzten Jahren die Ausfuhr nach
dort fast ganz in deutschen Händen gewesen, wobei aber bemerkt
werden mufs, dafs sie keineswegs nur aus deutschen Producten
bestand, sondern ihrem Mehrwerthe nach, wie es heifst in der
Höhe von 78%, fremdländischer Provenienz gewesen ist. In der
Einfuhr figurirt auch Baargeld, im Jahre 1876 mit 272 000 ℳ
und 1877 mit 220 000 ℳ, welches also von der Hauptsumme
abzuziehen wäre. Die Haupteinfuhrartikel bestanden in Manu-
facturwaaren, Schiffsvorräthen, Schiffsausrüstungsartikeln, Lebens-
mitteln, Getränken, Tabak und Cigarren, und die Werthe sind
nach den Factura-Kostenpreisen in Apia berechnet worden.

Die Ausfuhr der beiden Gruppen stellt sich folgendermafsen:

Jahr:	Gesammtwerth in Mark:	Davon deutsch:
1868	765 000	unbekannt.
1869	648 000	»
1870	512 000	»

Jahr:	Gesammtwerth in Mark:	Davon deutsch:
1873	1 152 000	1 110 000
1874	1 760 000	1 660 000
1875	2 005 000	1 753 000
1876	2 566 000	2 386 000
1877	2 503 400	2 216 800
1878	2 576 400	2 427 200

und die Gesammtzahl der Schiffe war:

1868	1869	1870	1873	1874	1875	1876	1877	1878
65	56	70	57	75	97	149	136	120

davon waren deutsch:

24	22	28	21	36	50	89	65	72

Alle diese Verhältnisse zeigen zweifellos eine steigende Bedeutung des Handelsverkehrs.

Es ist hierbei jedoch zu bemerken, dafs der dortige deutsche Handel keineswegs allein in den Händen der Herren Godeffroy und ihrer Gesellschaft liegt, sondern dafs andere Hamburger und Bremer Concurrenz-Häuser zusammengenommen ein gröfseres Interesse vertreten. Das Haus Godeffroy besitzt jedoch Plantagen in einer Ausdehnung von 75 000 Morgen, (nach den neuesten Berichten sogar 160 000 Morgen) wovon hingegen nur 5000 Morgen in Cultur genommen sind.

Die politischen Zustände auf den Samoa-Inseln sind anarchisch. Es bestehen zwei Parteien, welche um die Oberherrschaft kämpfen, und noch in der allerletzten Zeit haben heftige Zusammenstöfse zwischen ihnen stattgefunden, die durch das Zusammenwirken des deutschen, englischen und amerikanischen Einflusses einstweilen zu Gunsten der einen Partei entschieden sind. Wie gewöhnlich bei barbarischen Regierungen machen sich häufig die abenteuerlichsten Einflüsse geltend. So spielte z. B. ein Oberst Steinberger, angeblich Agent der Amerikanischen Regierung, vor mehreren Jahren eine Rolle als Premierminister des Königs auf Samoa. Derselbe wurde späterhin jedoch von der Regierung der Vereinigten Staaten desavouirt, worauf die deutschen und englischen Consuln seine Entlassung durchsetzten.

Das Heft, welches dem Reichstage von der Reichsregierung über die Verhältnisse der Samoa-, Tonga- und anderer Inselgruppen übergeben worden ist, enthält unter andern Mittheilungen einen weitläufigen diplomatischen Schriftenwechsel zwischen den englischen, deutschen und amerikanischen Regierungen, der sich wie ein kleines Zerrbild der orientalischen Wirren ausnimmt. Die deutschen diplomatischen Agenten scheinen sich dabei, so weit es sich aus den officiellen Actenstücken ersehn läfst, jedoch vermittelnd und correkt benommen zu haben, ohne die Interessen, welche sie zu vertreten hatten, ausser Acht zu lassen.

Der Handels- und Freundschafts-Vertrag mit der Samoa-Regierung gewährt uns alle Vortheile, welche anderen Staaten von ihr eingeräumt werden dürfen, und sichert den deutschen Colonisten ihren Besitz zu. Eine gewaltsame Besitzergreifung dieser Länder von andrer Seite scheint in Folge der Abmachungen so gut wie ausgeschlossen zu sein, und dafs eine Annectirung von uns nicht beabsichtigt wird, ist von dem Vertreter der verbündeten Regierungen (zum Bedauern unserer Colonisations-Fanatiker) im Reichstage wiederholt ausgesprochen worden, wie auch die Vorlage des Reichskanzlers dies indirekt bestätigt. Von einer staatlichen Colonisirung unsererseits kann also nicht wohl die Rede sein; hingegen giebt die Staatsgarantie, welche der Gesellschaft geleistet werden soll, zu mannigfachen Bedenken Anlafs. Es ist schon an und für sich ein aufsergewöhnliches Vorkommen, dafs eine Regierung ihre Garantie bietet, um ein kaufmännisches Unternehmen zu retten. Selbst wenn die Verluste, welche aus dem Verfall der alten Gesellschaft entstehen könnten, gröfser wären, als sie in der That sind, und sich auf weitere Kreise verbreiten würden, hätte eine solche Intervention ihre sehr bedenklichen Seiten. Nach der bisher bei uns üblich gewesenen Praxis hat sich der Staat solcher Einmischungen stets enthalten. Die preufsische Regierung hat z. B. bei den verschiedenen verunglückten Privateisenbahnen wenig Rücksicht auf die Verluste der Actionäre genommen, obwohl die dabei verloren gegangenen Capitalien um vieles gröfser waren, als sie bei dieser Colonisationsgesellschaft sind. Dies neue Verfahren könnte in der Zukunft leicht als Praecedenzfall zu Gunsten anderer verfehlter Unternehmungen geltend gemacht werden.

Bei der Bildung des neuen Gesellschaftsunternehmens ist weder ein Nachweis für seine bisherige noch für die Wahrscheinlichkeit seiner zukünftigen Prosperität geführt worden. Die Betheiligung des Publikums an der Zeichnung zu demselben beruht vielmehr wesentlich auf der Staatsgarantie und seiner Empfehlung von Seiten der Reichsorgane. Es ist ein wohl zu beachtendes Zeichen, dafs die Betheiligung der grofsen Seestädte, in denen man die Chancen eines solchen Unternehmens am Besten zu beurtheilen versteht, äufserst gering gewesen ist, während sich dieselbe fast ganz und gar aus dem Binnenland-Capital rekrutirt hat. Wenn man berücksichtigt, dafs in jedem Winkel der Hamburger und Bremer Börsen mehr Sachkenner für Colonial-Unternehmungen als im gesammten übrigen deutschen Reiche zu finden sind, so spricht die auffällige Nichtbetheiligung dieser Handelsplätze trotz der ihnen gebotenen Garantie wenig ermuthigend für die Aussichten des Unternehmens.

Die dreiprocentigen Zinsen sind dem Publikum allerdings auf zwanzig Jahre garantirt. Wie würde sich die Regierung aber zu dem Unternehmen stellen, wenn schon vor dieser Zeit das ganze Capital oder ein grofser Theil desselben verloren ginge, ein Fall der bei Handelsgesellschaften nicht unerhört ist? Die Geschichte der Colonisations-Gesellschaften ist, selbst wenn sie mit Monopolien ausgestattet waren, keine glänzende, und keine Gesellschaft dieser Art hat bis jetzt der Privatthätigkeit gegenüber prosperiren können. So war die erste ostindisch-dänische Companie bei ihrer Auflösung dem Staate soviel schuldig, als ihr ganzes Actien-Capital betrug. Die holländisch-ostindische Gesellschaft mufste 1781 von den General-Staaten ihrer Verpflichtung, die schwebende Schuld zu bezahlen, entbunden werden. Selbst bei der englisch-ostindischen Gesellschaft darf man sich von dem hellen politischen Glanze ihrer Unternehmungen nicht über das kaufmännische Fehlschlagen derselben verblenden lassen. Nach Hastings Verwaltung hatte sie eine Schuldenvermehrung von £ 12½ Millionen, deren Zinsen mehr als die Steigerung der Compagnieeinkünfte verschlangen. Die Schulden der Gesellschaft betrugen

1815 £ 22,3 Millionen
1820 » 26,1 »
1835 » 31,3 »   während ihre Actien
von Amtswegen auf nur » 19,6 »   geschätzt wurden.

Roscher drückt sich hierüber in folgenden Worten aus: »Man kann dieses Deficit als die allmählige Zubufse der englischen Volkswirthschaft zu dem Besitze Ostindiens betrachten, welche gegen die Bereicherung der Nabobs und die Dividenden der Compagnie

schwer in die Wagschale fällt.» Morellet konnte 1796 (nach
derselben Quelle) in seinem «Examen de la réponse au mémoire
sur la situation actuelle de la compagnie des Indes» eine Liste
von 55 Monopol-Compagnien die sämmtlich gescheitert waren,
aufstellen.

Die Motive vertheidigen die Garantie unter Hinweis auf die,
von der holländischen Regierung für die Niederländische Maat-
schappy im Jahre 1824 geleistete 4½ pCt. Garantie, sie vergessen
aber dabei zu erwähnen, dafs jene Gesellschaft nur die Agentin der
Niederländischen Regierung ist und dafs ihre Rentabilität durch
ihren Contract mit derselben gewährleistet wird. Die Gesellschaft erhält für die Verwerthung der Regierungs-Producte
2 pCt., für Bestellung und Versand von Gütern 1 pCt., für Geld-
versendungen ½ pCt., für die Bezahlung von Pensionen, Dele-
gationen und Gehältern 1 pCt. sowie für die Geschäftsführung
der Factorei 140 000 fl. Sie steht mithin in engster Verbindung
mit der Regierung und ihre Verhältnisse sind von denen der pro-
jectirten Seehandlungsgesellschaft in jeder Beziehung verschieden.
Sollte dieses Unternehmen mit Verlust arbeiten,· so würde der
Reichsregierung nur die Wahl übrig bleiben, es entweder selbst
zu übernehmen, wodurch es eine politische Natur erhielte, oder
es fallen zu lassen. Bei der letzteren Eventualität aber würde
das Reich seine Zinsen opfern und die Actionaire verlören das
Capital, welches sie im Vertrauen auf die Empfehlung des Reichs
sicher angelegt zu haben glaubten.

Die concurrirenden Handelshäuser fürchten die Uebermacht
einer solchen Gesellschaft, wie ich glaube, mit Unrecht. Schon
die staatliche Beaufsichtigung sowie die Verbindung von Plantagenbesitz, Rhederei und Handel, welche die Verwaltung com-
pliciren, lassen keine grofsen Hoffnungen für ihre Prosperität aufkommen; diese Umstände müssen die Entwicklung hemmend be-
einflussen. Sollte aber eine der anderen dort handelnden Firmen
ebenfalls in Noth gerathen, würde sie dann nicht ein ebenso begrün-
detes Anrecht an eine Reichsunterstützung wie das Haus Godeffroy
geltend machen können? Es ist dies nicht zu verneinen, denn
der Umfang jener Unternehmungen allein kann nicht ausschlaggebend sein.

Die Hauptgefahr, welche den deutschen Niederlassungen durch
das Besitzergreifen der Südseeinseln seitens anderer Mächte z. B.

Englands droht, besteht in dem englischen Gesetz, welches nicht zuläfst, dafs Eingeborene nach fremden Besitzungen als Arbeiter verdingt werden. Dies Verbot hat keinen egoistischen, sondern einen durchaus humanen Zweck. Nach der Aufhebung der Negersclaverei hatte sich eine Art von Handel mit Arbeitern ausgebildet, zu welchem Malayen und andere arbeitsfähige Bewohner der südöstlichen Welt ausgewählt wurden. Gewöhnlich sind diese Engagements von Unternehmern ausgegangen und hatten in manchen Fällen einen Charakter angenommen, der sich wenig von der eigentlichen Sclaverei unterschied. In Folge dieser Mifsbräuche hat die englische Regierung ein Regulativ erlassen, welches Vorschriften für die Behandlung der Arbeiter enthält, und duldet keine Auswanderung von Wilden oder Halbwilden aus brittischen Colonien nach aufserenglischen Besitzungen, eine Mafsregel, die nur zu billigen ist, wenn man den Culturstand solcher Völker und ihre Widerstandslosigkeit schlechter Behandlung gegenüber berücksichtigt. Da die Eingeborenen auf Samoa sich gar nicht zur Arbeit eignen, so haben sich die Herren Godeffroy genöthigt gesehen, Bewohner anderer, minder begünstigter Inseln für die Cultur ihrer Ländereien dorthin einzuführen. Nach den Berichten der deutschen Marineoffiziere an das auswärtige Amt soll ihre Behandlung eine sehr humane sein, woran zu zweifeln kein Grund vorliegt.

Es wird Jedem, möge er sich für oder gegen Colonisation aussprechen, als wünschenswerth erscheinen, dafs die Arbeit eines Unternehmens, wie das der Herren Godeffroy, nicht in fremde Hände gerathe, aber hierzu sind andere Mittel als einer staatliche Garantie möglich, wenn die Wahrscheinlichkeit einer Rentabilität vorliegt. So würde ein sehr wesentlicher Fortschritt für die Entwickelung des Plantagenwesens geschaffen werden können, wenn die Bemühungen der Reichsregierung sich auf einen Vertrag mit England über die Zulassung von Arbeitern aus englischen Colonien richteten, und der vor Kurzem vollzogene Beitritt Deutschlands zu den Verträgen gegen den Sclavenhandel würde dies begünstigen. Der Charakter der deutschen Regierung bietet England eine genügende Garantie für die humane Behandlung der farbigen Arbeiter und für das Einhalten der Regulative zum Schutze derselben. Vermittelst dieser Mafsregel würde das Haupthindernifs gegen eine gröfsere Ausdehnung der Pflanzungen gehoben sein. Aber auch noch ein anderer Punkt ist von Wichtigkeit und verdient als Gegenstand einer internationalen Behandlung bezeichnet zu werden, nämlich die gesetzliche Regelung des Grunderwerbs. Bei den anarchischen Zuständen auf den Südsee-Inseln sind mannigfache Landkäufe effectuirt worden, deren Gültigkeit zweifelhaft ist. Ein Bericht des Freiherrn v. Schleinitz, Commandant S. M. S. Gazelle vom 15. Januar 1876 liefert hiervon ein Bild, aus welchem die Verwirrung in Bezug hierauf hervorgeht, und da man den rechtmäfsigen Eigenthümern, mögen sie Wilde oder nicht sein, ihr Eigenthum nicht rauben darf, ohne die Zustände noch anarchischer zu machen als sie es schon sind, aber deutsche, englische, sowie amerikanische Staatsbürger auf den verschiedenen Südsee-Inseln Eigenthum erworben haben, so eignet sich eine internationale Behandlung zu ihrer Lösung mehr als jede andere Procedur. Nach dem neuesten Vertrage zwischen den Vertragsregierungen und der Samoaregierung hat sich dieser Wunsch durch die Convention betreffend die Municipalverwaltung für Stadt und District Apia bereits zum Theil verwirklicht. Der Begriff des Eigenthums ist jedoch in uncultivirten Ländern nie so klar, als dafs ein unzweifelhaft rechtmäfsiger Kauf ohne die Aufsicht einer unparteiischen Behörde contrahirt werden könnte, und aus jenem Berichte, so günstig er auch für die deutschen Niederlassungen lautet, leuchtet die Schwierigkeit hervor, die Berechtigung des angeblichen Käufers zu constatiren. Meistentheils gehört der Grundbesitz nicht einzelnen Individuen, sondern ist Collectiveigenthum von Stämmen, und das Recht der Mandatarien ist in den seltensten Fällen sicher festgestellt. Einer internationalen Commission würde nicht allein die Verpflichtung obliegen, die Form des Verkaufes zu beaufsichtigen, sondern die Vorbesitzer auch vor Uebervortheilungen zu schützen. Die 35 000 Einwohner von Samoa sind ganz und gar auf die ihnen wild zuwachsenden Bodenerzeugnisse angewiesen, und wenn man auch im Interesse der Civilisation wünschen mufs, dafs sie zur Arbeit herangezogen werden, ein Procefs, der sich schwerlich in wenigen Generationen vollziehen wird, so würde doch eine gewaltsame oder hinterlistige Beraubung ihres Grundbesitzes das Gegentheil bei ihnen bewirken, und nicht allein die vorhandene Anarchie potenziren, sondern auch noch den Dolus einer gewaltsamen Erpressung auf die Colonisten werfen.

Die Kosten einer Colonisation, selbst wenn dieselbe einen nur geringen Umfang hat, werden meist unterschätzt. So z. B. sind die Ausgaben der Engländer nach für die Fidji-Inseln nach ihrer Besitznahme schon sehr beträchtlich gewesen. Dem Berichte des Freiherrn v. Schleinitz zufolge hat die englische Regierung der Colonie nicht allein £ 40000 zum Geschenke gemacht, sondern es betrug die Ausgabe der letzten 4 Monate des Jahres 1875 ca. 33000 £, während die Einnahmen für dieselbe Periode sich nur auf ca. 5500 £ schätzen liefsen. Wenn man die geringe Production dieser Insel in Betracht zieht, die nach demselben Bericht in Folge elementarer Ereignisse sehr gelitten hat, so mufs man ein solches Opfer als unverhältnifsmäfsig hoch bezeichnen. Nach den Mittheilungen, welche die Motive hierüber machen, hat sich zwar die Inselgruppe jetzt erholt, und ihre Lage wird als prosperirend dargestellt. Dennoch aber sind die bisherigen Erfolge nur gering zu nennen.

Der Import betrug:

1875.	1876.	1877.	1878.	Nb. Es ist nicht
£ 112 896	94 411	125 050	133 079	gesagt, ob und wieviel baares Geld darin enthalten ist.
Masern,				
Krieg.				

Der Export nach englischen Besitzungen:

£ 58 572   66 494   98 986   154 015

und überhaupt von Landesproducten nach allen Ländern:

£ 77 806   80 786   114 222   146 845.

Nach den Mittheilungen der Motive soll «von competenten und sehr vorsichtigen technischen Autoritäten» der Jahreswerth der Exporte jener Inseln, wenn ihre Productionskräfte vollkommen entwickelt sein würden, voraussichtlich 10 Millionen £ übersteigen können. Dies ist Zukunftsmusik, aber der vierteljährliche Ueberschufs der Ausgabe gegen die Einnahme ist eine Realität, die angesichts des jetzigen Gesammthandels der Fidji-Inseln eine übermäfsig lästige genannt werden mufs.

Die Motive führen als einen ferneren Grund für die der Samoa-Gesellschaft zu bewilligende Reichsgarantie die Kosten an, welche dem Reiche aus der Entsendung und Stationirung von Kriegsschiffen nach der Südsee erwachsen sind, die sie auf 669 860 ℳ per Jahr berechnen. Sie fügen hinzu, dafs selbst wenn nur zwei Kanonenboote der Albatrofs-Klasse in der Südsee stationirt blei-

ben, man die Jahreskosten auf 271 700 ℳ taxiren müfste. Der
Jahresdurchsnitt des deutschen Gesammthandels mit Tonga und
Samoa stellte sich in den letzten 4 Jahren auf ca. 3½ Millionen
Mark, demzufolge die veranschlagten Ausgaben für den maritimen
Schutz derselben ca. 8 pCt. des bisherigen Umsatzes betragen
würden. Die Fortsetzung dieser Ausgabe könnte daher eher als
ein Motiv gegen die Reichsgarantie angesehen werden, da sie
den Schutz der deutschen Interessen in der Südsee noch mehr
vertheuert.

Wie und wo wir auch colonisiren, werden wir unser Budget
auf Jahre hinaus mit grofsen Lasten beschweren, und das Resultat wird trotzdem ein zweifelhaftes bleiben. Herr Fabri sagt,
indem er diesen Punkt bespricht: «Ohne Zweifel würden die vielen
Millionen, welche für die Berliner Stadtbahn, für die Linie Berlin-
Wetzlar und andere «productiven Anlagen» eiligst bewilligt
worden sind, mehr als ausgereicht haben, um die mit Erwerbung
etlicher Colonien verbundenen Kosten auf eine beträchtliche Reihe
von Jahren zu decken», und er fügt hinzu, dafs eine solche Verwendung bei richtigem, sachgemäfsem Vorgehen sich schliefslich
gewifs nicht als eine Vergeudung, sondern als eine für unseren
Nationalwohlstand wahrhaft productive Anlage erwiesen haben
würde. Herr Fabri vergifst hierbei, dafs die Wetzlar Bahn aus
dringlichen strategischen Rücksichten von der Regierung verlangt
und deshalb bewilligt worden ist, und dafs die Berliner Stadtbahn
bei der Ausdehnung der Stadt als ein unabweisbares Bedürfnifs
für den inneren und äufseren Verkehr zu betrachten ist. Aber abgesehen von der Zweckmäfsigkeitsfrage beider Anlagen, die ja
bestritten werden kann, ist ein Vergleich zwischen der Com-
plettirung eines inländischen Eisenbahnnetzes und einem überseeischen Abenteuer doch zu gewagt, als dafs er ernsthaft behandelt zu werden verdiente. Für unsere Eisenbahnen haben wir
eine mehr als vierzigjährige Erfahrung hinter uns, und können
ihre Rentabilität innerhalb gewisser enger Grenzen nicht allein
taxiren, sondern kennen auch den Einflufs, den sie auf den allgemeinen Verkehr, die Prosperität unseres Handels und unserer
Industrie besitzen, so genau, dafs selbst die Frage einer geringeren Rentabilität gegen die andern Vortheile, die sie uns bieten,
nicht schwer in die Waage fällt. Bei der Colonisirung hingegen
sind wir hinsichtlich der Vortheile ganz und gar auf Vermuthungen

angewiesen, welche je nach der mehr oder minder enthusiastischen individuellen Auffassung aufs Aeufserste differiren, während die Tragweite der directen Opfer von allen Seiten anerkannt wird. Im besten Falle ist sie ein Lotteriespiel, ein gewagtes Geschäft, und das Deutsche Reich ist nicht in der Lage, auf ein solches Risico einzugehen.

So wünschenswerth es auch für den Unternehmungsgeist wäre, dafs die in das Godeffroy'sche Etablissement festgelegten Capitalien nicht verloren gehen, so sind die Consequenzen eines Fehlschlagens derselben doch übertrieben worden, und es hat sich bei dieser Gelegenheit der alte Versuch, private Angelegenheiten zu einer Nationalsache aufzubauschen, wiederholt. Ging man doch im Anfange so weit, das Gläubiger-Verhältnifs der Gebr. Baring als eine von der englischen Regierung gestellte Falle zu interpretiren. Die Absurdität dieser Behauptung, welche einen bedeutenden Kreis von Gläubigen fand, denn die Menge wird am leichtesten mit einer patriotischen Phrase geködert, mufste zwar von interessirter Seite selbst bald desavouirt werden, aber es blieb dennoch genug Eindruck zurück, um der ganzen Angelegenheit eine gröfsere Tragweite, als sie es verdient, zu geben.

Nehmen wir den ungünstigen Fall an, nämlich dafs die Actien einer solchen Gesellschaft an ausländische Besitzer übergingen, so ginge unsern Capitalisten allerdings der zweifelhafte Gewinn an dem Unternehmen verloren, ein Umstand, der doch nur die Folge eines berechtigten oder unberechtigten Mifstrauens unseres Publicums in seine Solidität wäre. Die weitere Consequenz jedoch, dafs der Handel dem Mutterlande hierdurch entzogen würde, ist falsch. Die Gesammtausfuhr des Hauptartikels Copra von Samoa und Tonga durch deutsche Häuser belief sich im Jahre 1877 auf einen Werth von etwas über 2 Millionen Mark. Diese ging zum gröfsten Theil nach Europa und obwohl der Bericht nicht eigentlich mittheilt nach welchen Ländern, so wollen wir dennoch annehmen, dafs Deutschland das Meiste davon erhalten hat. Dies lieferte nur den Beweis, dafs Deutschland für diese Waare ein besserer Markt als andere Länder ist, obwohl der Betrag gegen die Masse der verbrauchten anderen Oel- und Fettproducte sehr gering zu nennen ist. Ein jedes Handelshaus, sei es fremdländisch oder deutsch, wird aber stets den besten Markt für seine Waare aufsuchen und wenn sich die Copra um ein geringes höher in London oder Liverpool als in Hamburg oder Bremen verkaufen liefse, so würde der Patriotismus sofort vom Cosmopolitismus in die Ecke geschoben werden, da bei Geldsachen nicht die Gemüthlichkeit allein, sondern auch der Patriotismus der Privilegirten aufhört. Es ist möglich, dafs die jetzige geringe Production dieser Waare es zuläfst, dafs sie vorzugsweise nach Deutschland geht, bei einer Vergröfserung derselben müfste aber ein Weltmarkt aufgesucht werden, und wie schlecht sich deutsche Häfen zu einem solchen eignen, giebt der Bericht des Freiherrn v. Schleinitz kund, welcher über die deutsche Ausfuhr von den Fidji-Inseln folgendermafsen aussagt:

»Schifffahrt mit gröfseren Schiffen und bis nach Europa hin soll nur von deutschen Firmen, Hennigs und Ruge & Hedemann betrieben werden. Ein Deutscher unterhält nach Paris einen bedeutenden Handel mit Perlmuttermuscheln und Perlen. Directer Handelsverkehr mit Deutschland besteht, abgesehen von der Verschiffung von Copra, von hier aus nicht. Der Grund liegt vorzugsweise darin, dafs für die Producte dieser Inseln an keiner deutschen Börse ein allgemeiner Markt besteht. Es sind sowohl von Australien aus wie von anderen Plätzen in der Südsee mehrfach Versuche gemacht worden, solche Producte, welche in Deutschland Verwendung finden und aus England bezogen werden, direct nach Hamburg bezw. Berlin zu verschiffen, indefs sind die Versuche wegen der schlechten Angebote bezw. Preise immer mifsglückt, während in London für dieselben Sachen stets und ohne Zeitverlust ein lohnender Markt gefunden wird. Nur die Zweiggeschäfte einzelner Firmen in Hamburg, wie Wachsmuth und Krogemann, Godeffroy etc., vermögen direct nach Deutschland zu verschiffen.«

Die Motive sprechen in Bezug auf die künftigen Exportverhältnisse der Gesellschaft von Europa nach dort einen sehr gewagten Satz aus, indem sie sagen: »Der nationale Charakter der Gesellschaft bürgt dafür, dafs dieselbe für den Absatz auf den Südseeinseln vorzugsweise deutsche Manufacturen in den Verkehr bringen werde.« Wenn die einheimische Manufactur gegen die Ausländische concurrenzfähig ist, so wird der Verkauf deutscher Fabrikate nicht allein im Interesse der Handelsgesellschaft sondern aller dorthin verkehrenden Kaufleute liegen; ist aber das Gegentheil der Fall, so bliebe der Handelsgesellschaft, wenn sie

ihren nationalen Charakter bewahren will, nur die Wahl, bei ihren
Exporten Geld zuzusetzen, oder den Concurrenten, welche diese
Rücksicht nicht zu nehmen haben, das Feld zu räumen. Samoa
und die Südseeinseln werden, wenn sie überhaupt eine Zukunft
haben, von Kaufleuten der anderen Verkehrsländer ebenfalls be-
schickt werden, und ein einziger tüchtiger Concurrent wäre im
Stande, das ganze Merkantilsystem, welches die Motive der Gesellschaft aufoctroyiren wollen, über den Haufen zu werfen.

Herr Ernst v. Weber spricht sich über den Einfluss der Colonisation in Bezug auf das Mutterland folgendermafsen aus: « Jeder
Deutsche, der in überseeischen Ländern gewesen ist, wird wohl
das Gefühl mit nach Hause gebracht haben, dafs wir in unserem
colonielosen Vaterlande in engen kleinlichen Verhältnissen, so zu
sagen auf dem Pfennigfufse leben, der gegen die in England und
seinen Colonien und den in Nord-Amerika uns so imponirenden
grofsen Mafsstab aller Erwerbsverhältnisse auf's Kläglichste ab-
sticht. Schon der durchschnittliche Vermögensmafsstab, mit dem
man die Capitalien von Personen mifst, welch' ein ganz anderer
ist er in coloniebesitzenden Ländern als hier bei uns! Zählt man
doch in der einzigen Stadt Amsterdam mehr Millionaire, als im
ganzen Deutschen Reich zusammen genommen! Und in New-
York, dem Centralpunkte des Reichthums der amerikanischen
Nation, deren heutige Macht doch auch nur aus einer Menge von
fortwährend nach Westen vorschreitenden Massen-Colonien empor-
gewachsen, ist der übliche Vermögensmafsstab, den man an die
Leute legt, ein so gänzlich verschiedener von dem in unserm
armen und colonielosen Vaterlande gebräuchlichen, dafs z. B.
ein Mann mit einem Vermögen von 300000 Mark, den man bei
uns schon zu den Reichen zählt, dort entschieden noch
zu den Armen gerechnet wird: erst wer von 600000 bis
1 Million Dollars besitzt, gilt in New-York für «well off», wer von
1—10 Mill. Dollars besitzt für «independent», und erst wer mehr
als 10 Mill. Dollars sein nennt, hat die Ehre, ein reicher Mann
genannt zu werden. Und solche Leute, die über eine Million
Dollars haben, giebt es ja in New-York eine erstaunlich grofse
Menge!»

Ich gestehe, dafs mir bei diesem Phantasieergufs des Herrn
v. Weber ein altes, vor dreifsig Jahren im Wallner-Theater von
Helmerding über Californien mit Beifall gesungenes Couplet mit dem

Refrain: »Der Proletarier ist dort Millioneser» in den Sinn gekommen ist. Doch Scherz bei Seite, würde ein Zustand, wie ihn Herr v. Weber uns schildert, ein begehrenswerther sein? Nichts ist für die socialen Zustände verderblicher, als die Anhäufung von Reichthümern in verhältnifsmäfsig wenigen Händen, und die grofse nationale Kraft, welche Frankreich bei allen politischen Unglücksfällen der Neuzeit entwickelt hat, beruht wesentlich in der gleichmäfsigeren Vertheilung der Güter wie der grofsen Anzahl seiner kleinen Capitalisten. Will Herr v. Weber uns etwa glauben machen, dafs in coloniereichen Ländern weniger Massen-Armuth als bei uns zu finden wäre? Kennt er die Anhäufung von Elend, Schmutz und Laster in den gröfseren Städten Englands, und will er behaupten, dafs eine einzige deutsche Stadt irgend etwas aufzuweisen hätte, was an dies heranreichte? Die extravagante Behauptung des Herrn v. Weber, dafs ein Capitalist von 300 000 ℳ als arm gilt, ist hinfällig, wenn er nicht beweisen kann, dafs in New-York mehr Menschen mit Vermögen von 100 000 Dollars als unter 100 000 Dollars existiren. Und sollte es ihm unbekannt geblieben sein, dafs gerade die Vermögens-Anhäufung in New-York zu vielen socialen und politischen Mifsständen den Anlafs gegeben hat? Das Taxiren von Millionairen ist übrigens ein ebenso harmloses als oft ausgeübtes Vergnügen; so wird auch Basel die Stadt der hundert Millionaire genannt, obwohl es nie colonisirt hat. In allen Culturländern haben sich grofse Capitalien angesammelt, und Deutschland ist sicher nicht arm daran. Preufsen, der junge Staat, dessen Existenz von den am stiefmütterlichsten ausgestatteten Provinzen ausgegangen ist, war zwar in Folge seiner politischen Vergangenheit hinter anderen reichlicher bedachten Theilen Deutschlands zurückgeblieben, aber es hat sich in dem letzten Jahrhundert schnell erholt und die Entwickelung seiner Industrie und Verkehrswege zeigt Dimensionen, die es anderen besser begabten Ländern würdig zur Seite stellt; die gröfsere Wohlhabenheit, die es jetzt zeigt, ist aber die Frucht seiner fördernden freien Handelspolitik gewesen. Deutschland hat binnen ca. 40 Jahren ca. 31 000 km Eisenbahnen ganz aus eigenen Mitteln gebaut, wovon am Schlusse des Jahres 1877 noch 16 513 km Privatbahnen waren, und das in allen Bahnen angelegte Capital betrug 8 Milliarden ℳ, eine Summe, die ganz und gar aus ersparten Capitalien erworben ist. Ein Land, das eine solche Entwickelung zeigt, ist man nicht berechtigt arm

zu nennen; trotz der angesammelten amerikanischen Reichthümer
sind deutsche grofse und kleine Capitalisten die Gläubiger der
Vereinigten Staaten gewesen, als sie das Ausland zur Hilfe rufen
mufsten, um ihre Kriege zu führen und ihre Eisenbahnen zu bauen.
Die in Holland angesammelten Capitalien sind zwar sehr beträchtlich, aber sein Handel ist dennoch trotz seiner günstigen Seeküste und der grofsen Wasserstrafse, die einen Theil von West-
und Süddeutschland wie die Schweiz beherrscht, gering gegen den
unsrigen zu nennen. Die Einfuhr betrug 1877 ca. 1300 Mill. *M,*
während die unsrige 3877 Mill. *M* erreichte. Die Einfuhr von
Deutschland nach Holland betrug 333 Mill. *M,* also ungefähr den
vierten Theil der holländischen Gesammteinfuhr. Die Ausfuhr aus
Holland war 941 Mill. *M* gegen 2775 Mill. der deutschen Ausfuhr.
Von dieser holländischen Ausfuhr gingen nach dem Zollverein.
375 Mill. *M,* also mehr als ein Drittel der Gesammtausfuhr. Der holländische Handelsverkehr mit seinen Colonien stellte sich auf 127
Mill. *M* Einfuhr und 83 Mill. *M* Ausfuhr, zeigt mithin ein geringfügiges
Resultat gegen seinen Gesammtverkehr. Der ganze aufsereuropäische
Verkehr Hollands einschliefslich der Colonien betrug in der Einfuhr
ca. 250 Mill. *M,* während Bremens Einfuhr aus überseeischen Prove-
nienzen 224 Mill. und die Hamburgs 270 Mill. *M* betragen hat. Ja,
selbst das colonienlose Belgien hat in seinem einzigen gröfseren
Handelshafen eine aufsereuropäische Einfuhr von 220 Mill. *M*
aufzuweisen und erreicht darin fast die Höhe der Holländischen.
Holland hat gegen seine Colonien in früheren Jahren ein demo-
ralisirendes Erpressungssystem ausgeübt, welches dem Lande zwar
Reichthümer zugeführt, aber auch einen ungünstigen Einfluß auf
den Volkscharakter hinterlassen hat, der erst durch die Prüfungen
der französischen Eroberung und durch den Verlust der meisten
seiner Colonien geläutert worden ist und einem etwas besseren
Systeme Raum gegeben hat; nichts desto weniger hat es sich
immer noch nicht ganz von der merkantilistischen Colonialpolitik
losgesagt, ohne dafs der holländische Staat jetzt einen Nutzen aus
derselben zu ziehen im Stande ist. Die Wirkungen einer aus-
schliefslichen Colonialpolitik auf den Charakter der Gesellschaft
pflegen in der That nicht günstig zu sein. Der Verkehr mit einer
Bevölkerung, die tiefer in der Cultur als die herrschende steht,
verleiht den Colonisten eine rücksichtslose, tyrannische Neigung,
und wie bei allen Privilegirten prädominirt bei öffentlichen Fragen

dann das Privatinteresse und drängt sich anmaßend hervor. In England war der Nabob des vorigen Jahrhunderts eine ebenso gefürchtete als verhaßte Persönlichkeit. Die Vielseitigkeit der englischen Interessen und das Zurücktreten der Handelscolonie gegen die Ackerbaucolonie hat die Verhältnisse dort äquilibrirt, zumal da Indien nicht mehr wie früher eine Goldgrube ist, sondern die hinausgehenden Beamten jetzt in der Regel mit mäßigen Pensionsansprüchen und kranker Leber zurückkehren und die Handelsgeschäfte zum Theil in den Händen von Eingeborenen sind. Samoa wird aber schwerlich für uns ein Indien werden und sein Besitz, der von unseren Colonialfreunden so sehr ersehnt wird, bietet keinen Ersatz für die Handelsverträge, deren Erhaltung und Ausdehnung für uns von ungleich größerer Wichtigkeit als der Erwerb von Colonien ist.

Herr v. Weber ereifert sich sehr über einen Artikel in dem Meyer'schen Conversationslexikon, welchen er wörtlich citirt und worin Ansichten, die den oben niedergelegten ähnlich sind, ausgesprochen werden, und sagt darüber: «Wo bleibt bei allen den philiströsen Reflexionen dieses weisen Salomo der patriotische Standpunkt?» und nachdem er sein Steckenpferd der «fort und fort um sich greifenden und allmählich die ganze Welt mit eisernen Armen umspannenden anglosächsischen und russischen Nationen» aufgezäumt hat, fügt er hinzu: «Immer haben solche principiellen Gegner deutscher Colonien in kurzsichtigster Weise nur das persönliche Gedeihen der Individuen im Auge, niemals die Stellung der deutschen Nation als ebenbürtiger Schwester unter den übrigen Nationen! Könnte und sollte das deutsche Volk nicht ebenso eine weit gebietende und über endlose Territorien herrschende Königin unter den Nationen sein, wie die englische, die amerikanische, die russische?»

Was die philiströse Reflexion anbelangt, so kann der Verfasser jenes Artikels dem Herrn v. Weber für das Compliment dankbar sein. Reflection ist immerhin ein geistiger Proceß, und selbst das Wort «philiströs» hat nichts Beleidigendes, da es im Grunde nur eine burschikose Bezeichnung für verständig-nüchtern sein soll. Solche Reflexionen unterscheiden sich allerdings von der phantasiereichen Blüthenlese, welche der Brochure des Herrn v. Weber den Reiz des Frischen, Jugendlichen, ja fast Studentischen verleiht, und der uns trotz unseres abweichenden Stand-

punktes, bei ihrer Lectüre oft genug duftig angeheimelt hat. Dafs
wir, denn ich rechne mich zu dieser Menschenklasse, «nur immer
das Gedeihen des Individuums im Auge haben», kann er uns
nicht vorwerfen, da auch er dieser Seite die gröfste Wichtigkeit
beimifst und einmal sogar ausdrücklich sagt, dafs «die wirthschaftliche Verbindung, nicht die politische das Wesentliche» bei der
Colonisirung sei, wie er denn überhaupt als Ausgangspunkt seiner
Agitation die jetzige schlechte Lage des Arbeiters hervorkehrt,
welche er durch Colonisation zu verbessern hofft. Doch jetzt
wendet er das Blatt um, und über die Frage: «Wo bleibt der patriotische Standpunkt?» habe ich mich mit ihm auseinander-
zusetzen!

Der Patriotismus ist die gröfste Tugend des politischen
Menschen, denn sie fordert von ihm einen Grad von Opferfähig-
keit für das Gemeinwohl, den ein Individuum dem andern nicht
gewähren kann. Gut und Leben soll er für die Gemeinschaft
lassen können, und sein Lohn besteht in dem Schutz, welchen
er von ihr empfängt und unter dem sich seine Individualität frei
entwickeln kann. Deshalb ist Freiheit ohne Patriotismus undenkbar
und ihre höchste Blüthe ist da zu finden, wo Staat und Individuen
in harmonischer Verbindung zu einander stehen. Mit keinem
Worte wird aber ein gröfserer Mifsbrauch getrieben als mit diesem,
und kein Begriff wird häufiger verfälscht.

Des kleinen Spiels, welches Gewinnsucht und Eigennutz unter
dieser Devise treiben, werde ich nur flüchtig gedenken. Sie keh-
ren den Begriff um und lassen das Individuum von der Gesammt-
heit Opfer fordern. Der Patriotismus soll die Getreideeinfuhr
oder die Lumpenausfuhr verbieten; das Land mit Papiergeld
überschwemmen, um die Waareneinfuhr zu erschweren; die Eisenbahntarife nach aufsen niedriger und nach innen höher stellen; Elb-
caviar und Grüneberger zu Delikatessen adeln und aus Schmalz
und Käse eine Nationalfrage machen. Diese Species von Pseudo-
Patriotismus ist eine kurzlebige Modekrankheit, die ihr Correctiv
in sich selber finden wird, da die verschiedenen Begehrlichkeiten,
die sie erweckt hat, im gegenseitigen Kampfe ihre absurde
Fälschung enthüllen.

Gefährlich ist aber der falsche Patriotismus des Dünkels, weil
Selbstverblendung seine Grundlage bildet, und er oft im guten
Glauben angerufen wird. Ein Engländer nannte einst l'atriotismus

«wholesale selfishness», d. h. Egoismus en gros, und so falsch und cynisch diese Bezeichnung für den wahren Patriotismus auch ist, so richtig ist sie für den falschen. Eigenschaften, welche beim Individuum als Untugenden gehafst werden, wie Eitelkeit, Hochmuth, Arroganz, Eifersucht, Begehrlichkeit, Raubgier und Rachsucht, werden, wenn sie in Massen auftreten, von ihren Trägern als patriotische Tugenden proklamirt, und die Menge ist gar zu leicht geneigt, dem falschen Götzen blutige Opfer zu bringen. Besonnenheit, Recht und Billigkeit werden dann vom Wahn und Fanatismus umnebelt und unter seiner Herrschaft feiern Anarchie oder Despotismus ihre Orgien. In seinem Namen hat die Guillotine gespielt, unter ihm ist die Arbeit von Geschlechtern zerstört, er hat Städte eingeäschert und Reiche zu Falle gebracht und das Geschofs, welches seine Knechte werfen, ist oft genug verderbenbringend auf ihre eignen Häupter zurückgeschnellt. Wehe dem Besonnenen, der in aufgeregten Zeiten mit «philiströsen Reflexionen» dem falschen Patriotismus warnend entgegentritt; das Wuthgeheul der «Patrioten» gegen das Häuflein, welches sich in der französischen Kammer gegen den Krieg erklärte, sollte der Welt als ewige Warnung gegen den patriotischen Dünkel dienen!

Herr v. Weber wirft uns Mangel an Patriotismus vor und behauptet, «dafs wir die Stellung Deutschlands als ebenbürtige Schwester unter den übrigen Nationen niemals im Auge haben». Diese Beschuldigung ist so unbegründet als ungerecht. Unsere Gesinnungsgenossen waren die Eclaireurs des deutschen Einheitsgedankens; die Anhänger unserer Richtung haben das Ziel eines starken politischen wie freien wirthschaftlichen Deutschlands mit Beharrlichkeit verfolgt; sie haben dafür gekämpft und gelitten, ihre Arbeit hat den schließlichen Erfolg jenes patriotischen Gedankens nicht um Geringes gefördert, und alles dies zu einer Zeit, als manche Derer, die jetzt den deutschen Patriotismus in General-Entreprise nehmen wollen, sich noch im partikularisten Eifer von den Nebensonnen des alten deutschen Bundes bestrahlen liefsen und unsere wirthschaftliche Einheit zu sprengen versuchten.

Wenn aber Herr v. Weber ferner fragt: «Könnte und sollte das deutsche Volk nicht ebenso eine weit gebietende und über endlose Territorien herrschende Königin unter den Nationen sein, wie die englische, die amerikanische, die russische», so antworten

wir mit einem kräftigen »Nein«, weil unsre patriotische Anschauung
(philiströs wie sie sein mag), nicht in der Ausdehnung des Länder-
besitzes sondern in seiner inneren Kraft das Heil eines Volkes
erblickt. Weit ausgedehnte despotische Reiche, vom altpersischen
an bis zum neurussischen, finden ihr Thermopylae, wenn ihr
Uebergewicht sie zur Unterjochung von Völkern mit höherer Cultur reizt. Englands Größe liegt in der Tüchtigkeit seines Volkes
und dem Reichthum seiner Hilfsmittel. Seine Lage schützt es
vor Eroberung, und deshalb kann es seine Streitkräfte, um
seine innere Sicherheit unbekümmert, weit über das Meer senden;
aber dennoch hat sein colonialer Besitz seinen europäischen Einfluß geschmälert, und wie weit seine Kräfte in den endlosen
Kämpfen um den indischen Besitz anfgerieben werden, ist eine
Frage der Zukunft. Die »spirited policy« hat, trotz aller äufseren Erfolge, dort soeben eine Niederlage erlebt. Das Amerikanische Reich ist hingegen eine Colonisation im andern Sinne als
die englische. Nachdem sich die Staaten losgerissen hatten,
hat sich ihre Tendenz auf die Bildung einer in sich geschlossenen
Continentalmacht gerichtet, und jeder settler, der seinen Weg
von Westen nach Osten findet, dient ihr als Vorposten für eine
neue, selbstständige Cultur. Es reiht sich dort Glied an Glied,
nicht durch Meere getrennt, organisch aneinander, während der
föderative Charakter ihrer Staatenbildung Gewähr für die friedliche Entwickelung leistet. Sollte diese verlassen werden, so
würde der Bestand des Länder-Colosses ebenso fraglich als der
aller anderen Weltreiche werden.

Könnten nicht aber andre Länder dieselbe Frage, die Herr
v. Weber an uns richtet, an sich stellen? Könnten nicht Frankreich, Oesterreich, Italien mit gleichem Rechte »über endlose Territorien herrschende Königinnen unter den Nationen« sein wollen?
Die Neigung zu solchen patriotischen Gelüsten ist sicher auch
dort vorhanden, und an Versuchen, die ein klägliches Ende gefunden haben, so oft die philiströse Reflexion von dem patriotischen Chauvinismus angefaucht worden ist, hat es nie gefehlt.
Wollten sich alle Völker das Recept des Herrn v. Weber an-
eignen, so wäre die Welt zu klein für ihre Herrschsucht!

Unsere Aufgabe ist uns in der Lage unseres Landes vor-
gezeichnet, und unsere besten Staatsmänner haben sie richtig
erkannt. Mit scharfem Blicke hat sich Friedrich d. Grofse gegen

jedes Ansinnen, eine Seemacht zu bilden, deshalb verneinend
gehalten, und nachdem er die Etappe, welche sein Land zur Macht
führte, gewonnen hatte, verlieh er, indem er die innern Kräfte
des Landes (nicht immer mit den richtigen Mitteln aber stets
im richtigen Geiste) durch die Segnungen des Friedens kräftigte,
dem politischen Neubau jene starken Pfeiler, die ihm Festigkeit
und Widerstandsfähigkeit gaben. Wir befinden uns in ähnlicher
Lage. Mögen wir ähnlich handeln!